读·品·悟快乐阅读系列

◎丛书主编：向启新

科学卷

花落了还会开吗

◎本书主编：刘长蓉

花山文艺出版社

河北·石家庄

图书在版编目（ＣＩＰ）数据

　花落了还会开吗：科学卷 / 向启新主编. -- 石家庄：花山文艺出版社，2004（2024.6 重印）
　（"读品悟"快乐阅读系列）
　ISBN 978-7-80673-550-3

　Ⅰ．①花… Ⅱ．①向… Ⅲ．①散文－作品集－中国－当代 Ⅳ．①I267

中国版本图书馆CIP数据核字(2004)第111961号

丛 书 名：　"读品悟"快乐阅读系列
丛书主编：　向启新
书　　　名：　**花落了还会开吗：科学卷**
　　　　　　HUALUO LE HAI HUI KAI MA: KEXUE JUAN

本书主编：　刘长蓉

策　　划：　张采鑫
责任编辑：　于怀新
特约编辑：　李文生
装帧设计：　北京九洲鼎图书有限公司
美术编辑：　王爱芹
出版发行：　花山文艺出版社（邮政编码：050061）
　　　　　　（河北省石家庄市友谊北大街330号）
销售热线：　0311-88643299/96/17
印　　刷：　三河市中晟雅豪印务有限公司
经　　销：　新华书店
开　　本：　710mm×1000mm　1/16
印　　张：　10
字　　数：　180千字
版　　次：　2004年12月第1版
　　　　　　2024年6月第5次印刷
书　　号：　ISBN 978-7-80673-550-3
定　　价：　49.80元

科学卷

学海点悟

　　科学，像一座神奇的宫殿，吸引人们不断探索其中的奥秘。科学，像一个巨大的磁场，让我们不得不走近她。也许有人认为：科学是深奥的、艰难的、枯燥的，科学研究只是科学家们的事。其实，科学是美丽的。她不仅美丽，而且是旷世之美，美不胜收。

　　不是吗？科学追求真理，揭示宇宙万物的真相及其变化规律。真正的科学家都懂得：真理是简单的，而且越是普遍的真理就越简单。简单、深刻、普遍三位一体，这就是科学美之源泉。科学家在追求真理的过程中，锲而不舍，孜孜以求。常人往往认为是苦，其实他们虽辛苦却乐在其中。科学家顿悟和突破后的快感乃先睹为快——享受从未见过的瑰丽的美景。

　　诚然，要体会科学的美丽，必须亲身去感悟。作为现代的一名中学生，你们更应有锲而不舍，孜孜以求的精神。浩瀚宇宙间的许多奇妙现象，有待于你们去探索、去研究、去揭开那一层层神秘的面纱。因此，掌握科学文化知识，培养对科学的浓厚兴趣尤为重要。

　　人是万物之灵。人体——大自然的杰作——每时每刻都在创造着工程学、化学、物理学方面的奇迹。人体,其构造之精妙,其效率之高超,其消耗之低微,最精巧的机器人也不能与之相比。

人脑是一部最奇妙的机器,它与手结合,使人成为万物之灵。人脑平均重1.2 公斤,体积仅为 1.5 立方分米,神经元的数量与银河系中的恒星的数目相差无几。人脑接收信息、整理信息、贮存信息以及输出信息的效率都非常高,这是其他任何一种动物都难以比拟的,这就是人体的奇妙之所在。

科学的魅力在于其博大。她凭借大千世界对人类所引起的好奇,引导人们揭开浩瀚宇宙及自然界中的种种奥密。"神秘的宇宙"篇从科学的角度,把一些奇怪现象给予了说明,让人们在阅读中领略科学的趣味。

人类在用科学技术创造幸福的同时, 也给我们生存的环境带来了一些生态灾难。美丽的珊瑚被称为"海洋中的热带雨林",是地球上最大也是最古老的生物群落。在约 2.25 亿年前的中生代,它们就已经开始在寂寞的地球上繁衍生息,目前一共有 60 万平方公里的珊瑚礁散落在热带和亚热带海洋中,是地球上最古老、最美丽、最多姿多彩也是最弥足珍贵的生态系统之一。然而,人们在开发利用珊瑚礁的同时,却不注重对这一宝贵资源的保护。目前全球珊瑚礁中有 60%面临被毁坏的威胁,其中一些珊瑚礁所受的损坏已到了无法恢复的程度。这就是人类的隐忧。

还有,"信息新世界" 展示了高科技给人类带来的进步和生活的便捷;"身边科学点滴"将向你揭示一系列生活中的科学小常识。"科学也美丽"介绍了生物社会一些鲜为人知的生物秘密……

总之,科学的魅力是永恒不变的。年轻的朋友们,请热爱科学吧,在感受她的魅力的同时,你还会感受到智慧、力量、信心、伟大。

目录

一、认识我们自己

作文链接

二、神秘的宇宙

作文链接

三、人类的隐忧

作文链接

四、信息新世界

作文链接

五、身边科学点滴

作文链接

六、科学也美丽

作文链接

认

识我们自己

科 学 卷

人是自然界美的化身

　　我们人类是什么？我们是如何来到这个世界，又如何离去？为什么你那高高的鼻子那么像你的爸爸？那漂亮的眼睛又像你的妈妈？为什么我们都一样——无疑是人类这个大家庭的一员，可我们大家又都不一样？生死、衰老、人之异同，已困扰了我们几千年，这些问题的答案现在尚可等候。可疾病对我们的危害确是每一个人、每一个家庭、每一个负责的团体与国家政府都不得不考虑的问题。

快乐阅读
kuai le yue du

认识我们的大脑 / ··· [美] 阿西莫夫

现代人的脑重约为其整个体重的五十分之一。可以说是每克脑负责 50 克身体。与之相较，黑猩猩脑重约为体重的一百五十分之一，大猩猩则约为其体重的五百分之一。诚然，有些较小的灵长类脑重与体重的比率比人类还高些(蜂鸟也这样)。猴子的脑可为它体重的十八分之一。然而，它们的脑子绝对重量太小了，不足以在人类智力的标尺上使其脑内包含必要的复杂性。一句话，要紧的东西，也是人所具有的东西，就在于脑的绝对重量大，同时脑对身体大小的相对重量也大。

有两种哺乳动物的脑比人脑重得多，却并没有使这些哺乳动物有高超的智力，这一事实就使需要绝对重量和相对重量都大才行的论点变得更为清晰可信。最大的象脑重可达 6000 克，最大的鲸脑重可达 9000 克。然而这些脑子所需要应付的身体也极其庞大。象脑，不管它多么大，却只有体重的千分之一，大鲸的脑可能只有它体重的万分之一。

然而，仅仅在一个方面，人类确实有一种可能的匹敌者。海豚，鲸科的较小成员，显现出这种可能性。它们之中有些并不比人重，却具有更大的脑(可重达1700 克)。

仅仅从这一证据就得出结论说海豚比人更聪明是不保险的，因为，这里有一个脑的内部组织问题。海豚的脑(像尼安德特人的脑)可能更多的是用于我们认为的较低级的功能。

唯一保险的办法是用实际的实验去测定海豚的智力。有一些研究者，著名的如利利，似乎相信海豚的智力真的可以和我们人类的智力相比，海豚有一种和我们人类同样复杂的语言形式，可能脑内的通信形式已经建立。

即便真是这样,虽然海豚有智力,无疑它们也失去了把它们的智力转化为对环境的控制的机会,因为它们重新适应于海洋生活。在水下是不可能使用火的,而正是发明用火,开始把人类从所有其他有机体中划分出来。更根本的,在像水那样黏稠的基质中作平静而快速的运动,需要一种整个儿的流线型形状。这就使海豚不可能出现任何相等于人类的手臂的东西,以便能用它来精细地探索和应对环境。

在卓有成效的智力方面,至少在现在和我们已知道的过去,在地球上,是没有什么可以与人类(智人,Homo sapiens)相匹敌的。

精确测定一种物种例如海豚的智力是很困难的,对我们人类本身来说同样也还没有很满意的方法来测定个人精确的智力水平。

1904,法国心理学家比内(Alfred Binet)和西蒙(Théodore Simon)设计一种方法,通过对给定的经审慎选择的一些问题的回答来确定智力。这种智力测验的结果用"智商"(IQ)来表示。智商就是用这种测定方法测出的"智力年龄"被"实际年龄"除所得的比值,并乘以100以消除小数。公众明了智商的意义主要是由于美国心理学家特曼(Lewis Madison Terman)的工作。

麻烦在于人们想出的所有测验方法都是与文化教养有关的。关于犁的简单问题就可能难住一个智力强的城市儿童,而关于自动楼梯的简单问题就可能难住一个有同等智力的乡村儿童。而这两种问题却可能使一个有同等智力的澳大利亚土著居民感到困惑,他们能够处理有关飞镖的问题,却使我们目瞪口呆毫无办法。

另一种方法,旨在测验人的精神方面,实际上比智力还更微妙而难以捉摸。这种方法是瑞士医生罗沙赫(Hermann Rorschach)在1911年和1921年之间首先制定的,是一些墨水污点组成的图形。受试者要将这些墨水污点转换成想象的图形。就根据一个人在"罗沙赫测验"中给出的想象的类型而对他的个性品格作出结论。然而,甚至在最好的情况下,这种结论也不可能是真正有结论价值的东西。

很奇怪,许许多多古代哲学家几乎完全不明白人类头颅骨下那一器官的意义。亚里士多德仅仅把脑看成是调节空气的东西,也就是说,是用来冷却过热的血液。亚里士多德之后,在亚历山大工作的赫罗非拉斯正确地认识到脑是智力的所在地,但是正如通常所出现的情况,亚里士多德的错误看法比其他人的正确看法还更有分量。

因此古代和中世纪的思想家们常常把情绪和个性品格的所在地放到心

脏、肝胆和脾脏(比如说什么:"心碎了""胆小的""发脾气")。

对脑的最早的现代研究者是 17 世纪英国医生和解剖学家威利斯(Thomas Willis),他追踪通向脑的神经。此后法国解剖学家维克达居尔(Felix Vicq d´-azyr) 等人草拟出脑本身的解剖学的轮廓。但直到 18 世纪瑞士生理学家哈勒(Albrecht von Haller)才完成了有关神经系统的功能的头一个决定性的发现。

哈勒发现刺激神经远比刺激肌肉本身更易于引起肌肉收缩,再者,这种收缩是不随意的, 他甚至能在有机体已死去的情况下刺激神经而仍引起肌肉收缩。哈勒进而证明神经运载感觉。当他切断到特定组织的神经后,这些组织便不再能产生反应。这位生理学家便得出结论说:脑通过神经接受感觉信息,并通过神经传送引起诸如肌肉收缩那样的反应的神经冲动。他推测所有神经都到达脑中央的接合站。

1811 年奥地利医生加尔(Franz joseph Gall)把注意集中到大脑表面的"灰质"(与"白质"不同,"白质"仅由神经细胞胞体发出的纤维组成,这些纤维因其脂肪鞘而呈白色)。加尔认为,神经并不像哈勒所想的那样集合到脑的中央,而是各自通到灰质的某一限定部位。加尔认为灰质乃是脑的执行协调功能的区域。加尔推论说:大脑皮质的不同部分主管集合由身体不同部分传来的感觉,同时,把有关反应活动的信息传出到身体的特定部位。

后来, 在 1870 年, 德国科学家弗里施(Gustar Fritsch)和希齐格(Eduard Hitzig) 开始用刺激脑的各个部位观察什么肌肉出现反应来绘制脑主管各种功能的配置图。半个世纪之后, 这一技术为瑞士生理学家赫斯 (Walter Rudolf Hess)大加发展,更为精细,他因而在 1949 年获得了医学和生理学诺贝尔奖。

 **与你共品**
yu ni gong pin

在地球上,人是拥有最高智慧的高等动物。究其原因,是因为我们拥有一个与众不同的大脑。通过这篇文章的学习,能使我们对自己的大脑有一个明晰的认识。本文逻辑严密,层次清楚,通俗易懂。这是科普作家阿西莫夫作品的显著特点,在阅读中应好好体会作者的写作特点。

花落了还会开吗

个性独悟
ge xing du wu

★文章从几个方面来谈认识我们的大脑的？

★筛选认识我们的大脑每个方面的主要信息，以此来把握文章的知识系统。

★学习了有关大脑的常识，明确了智商测定的不确定性。我们有许多同学因某种动机去测智商而思想上背上包袱，阅读这篇文章后谈一谈自己的想法。

快乐阅读
kuai le yue du

人体的奇妙数字 / · · · 储品良

一般,人的头皮上约长有 10 万根头发。健康的头发抗拉力相当强,据英国电台介绍,洁姆·T·兰小姐的一根秀发能承受 177.19 克的拉力。

人的眼睛通常直径约为 2 厘米，眼球后方感光灵敏的角膜含有 1.37 亿个细胞,其中 1.3 亿个是杆状的,接受彩色画面。它可以同时处理 150 万个信息。每天约留下各种影像 5 万多幅。

人的鼻子每 24 小时为肺部提供 14 立方米的空气。鼻子顶端有 500 万个嗅觉神经接受细胞。

耳朵的鼓膜相当敏感，只要在鼓膜上造成十亿分之一厘米凹陷的微弱音波,它都能感应到;音波传到 3 块形状各异的软骨(锤骨、砧骨和镫骨),能够把声音扩大 22 倍。

人的一生中,乳牙共 20 只,恒牙 28~32 只。在正常情况下,牙齿的平均咀嚼力是:男子前牙为 29 千克,后牙为 45.5 千克;女子前牙为 27 千克,后牙为 41.5 千克。

人舌头表面有 9000~10000 万颗味蕾,能尝四种味道:舌尖尝甜和咸,两侧主管酸味,后面专管苦味。

男性声带长 18 厘米,振动频率为每秒 30~145 次。

女性声带长 13 厘米,振动频率为每秒 30~255 次。

人的脊椎长约 45 厘米,直径为 1 厘米多。脊椎骨共 33 块,颈椎 7 块,胸椎 12 块,腰椎 5 块,骶椎 5 块,尾椎 4 块。

人体皮肤的总面积为 1.5~2 平方米,厚度 0.5~4 毫米。

人的大脑容量一般约为 1350 立方厘米,其重量一般为 1500 克,最重的达到 2000 克,最轻的为 1000 克。男性重 1450 克,女性重 1330 克,婴儿出生时为 390 克。

心脏重 340 克左右,长约 15 厘米,最宽处约 10 厘米,似梨形。有 4 个腔的泵,一面将血送到肺脏,另一面则输送全身,每天通过 10 万千米的血液输送,泵血量足以装满 17 吨的油罐车。

整个肺的外形呈圆锥状,重约 900~1200 克,两肺由 3~7 亿个肺泡组成,表面积大约 100 平方厘米。

正常人在空腹时,每天分泌胃液约 1200~1500 毫升,进食时可增至 2500~3000 毫升。

脑神经共 12 对。脊椎神经共 31 对。人体全部神经共 14 万条,总长 30 万千米。

成年人红细胞的正常值:男性每立方毫米为 400~500 万,女性则为 350~450 万。初生婴儿的红细胞每立方毫米超过 600 万。

1 平方毫米的肌肉可有 1350 条微血管,全身估计有 300 亿根微血管。如果把这些微血管连接起来,总长有 17 万千米,比长江长 18 倍,可绕地球赤道 4 圈半。一个健康人仅有 5 升血液,每 3 分钟周流全身……

花落了还会开吗

与你共品
yu ni gong pin

　　这是一篇说明文。作者主要采用了列数字的说明方法,也掺杂使用了举例子、作比较、打比方等说明方法,向我们揭示了人体的一连串的奇妙的数字,使我们对人体有了更进一步的认识和了解。

个性独悟
ge xing du wu

　　★本文在说明顺序方面具有哪两个特点?
　　★全文主要运用了什么说明方法?又兼用了哪些说明方法?
　　★本文通过一些奇妙的数字,各说明了什么?

快乐阅读
kuai le yue du

奇妙的人体／···一 丁

　　人体——大自然的杰作——每时每刻都在创造着工程学、化学、物理学方面的奇迹。人体,其构造之精妙,其效率之高超,其消耗之低微,最精巧的机器人也不能与之相比。

　　人脑是一部最奇妙的机器,它和手结合,使人成为万物之灵。人脑平均重1.2公斤,体积仅为1.5立方分米,神经元的数量与银河系中的恒星的数目相差无几,为150亿个,耗能的功率仅在10瓦左右。如果用与脑神经元数目相同的相应半导体器件制造一台计算机,其体积将有1万立方米,是大脑体积的600多万倍,需要电能100万千瓦,相当于一座大型水电站的发电量。一台大型电子计算机可以储存 10^7~10^{10} 比特的信息，而人脑的信息容量可达 10^{15} 比特。

人的心脏像一部有双重功能的水泵,通过压力将血液注入循环系统。血液是生命的河流,沿着 9000 多公里长的血管永不停息地流动着。血液的主要功能是通过人体细胞来发挥的。血液把氧气、水分和营养物输送给细胞,然后再提取细胞排出的废物。血液从心脏流出再返回,一次完整的循环连一分钟也用不了。血液流经的血管粗细不一,粗的直径约 2.5 厘米,有自来水管那么粗;细的毛细血管,细到细胞必须排成一行才能依次通过。血液中有红细胞和白细胞。圆饼形的红细胞数量约有 25 兆,它的主要功能是输送氧气。白细胞约有 250 亿,它是卫士,一旦发现外敌入侵,就会迎上去攻击;同时它也是清洁工,帮助消除血液中的垃圾。

心脏由粗壮而坚韧的肌肉构成,大小仅相当于一个拳头,但它的机械性十分惊人。心脏每分钟跳动 70 次左右,每昼夜约跳动 10 万次。它每天排出血液 9000 多升,在人的一生中排出的血液总量大约 2 亿公斤。心脏的瓣膜类似阀门,使血液顺着单一方向流动,避免倒流。现在,心脏已不再被认为是灵魂的住所、智慧的源泉,但是它那优美的造型和非凡的技能仍然使人赞叹不已。

随着科学向自然奥秘的进军,人们不断发现一些令人难以捉摸的现象。譬如,从心脏上取下的一个细胞,在脱离心脏后仍然继续跳动。科学家还发现,在培养皿中的两个心脏细胞,各自按照自己的节奏跳动,但是当它们接触到一起时,便同步按照相同节奏一起跳动。

呼吸几乎是不知不觉地进行的,在身体放松的情况下,我们每分钟呼吸 18 次,每次呼进 0.5 升空气。我们体内的呼吸系统很像一个风箱,隔膜向下压,胸膛壁随之向外扩张,使空气流进,填补因体积变大后出现的真空。气管向下分成两个支气管,各与左肺右肺相通,两个支气管又分出许多小的支气管与肺连成许多小通道,从结构上看,肺的外形很像一棵树。因此有人把肺的结构称为支气管树。支气管树上最小的枝杈分别与肺泡相连。一个肺泡只有一粒米的十分之一,人肺共有 3 亿个肺泡。肺泡之间是纵横交错的毛细血管网,肺泡与血管之间有透明的薄膜相隔,通过这种薄膜,红细胞可提取氧气,排出二氧化碳。肺和心脏可提供的空气和血液是实际需要的 10 倍。

人体还是一座复杂的工厂,能够把原材料加工成能量和身体所需的各种建筑材料。消化系统是这座奇特工厂的主要车间，不知疲倦地工作着。人体所需要的物质，除氧是从呼吸获得以外，其他都必须从食品中提取。我们吃东西之前，口内就准备好了唾液。唾液中主要是水以及各种消化酶，唾液的功能是帮助咀嚼和吞咽食物。食道一直通到胃，是一根长二十多厘米、直径不到2.5厘米的管子，食管壁布满肌肉，通过收缩和放松，使食物慢慢往下移动。胃壁可以蠕动食物，并可分泌酶和胃液，使之与食物混合。胃在正常消化时所产生的胃酸能把地毯烧穿，胃壁上有一层光滑的黏膜，保持着胃壁不受胃酸的腐蚀。整个消化过程大部分是在小肠内进行的，胃主要起原料堆积站的作用。小肠的内壁上有数以百万计的绒毛，绒毛的作用是促使营养变得更能使人体吸收。食物从进入口腔到排出体外需要一天时间，全程九米多。

人的骨骼既结实又轻便，仅占体重的18%。健康的骨关节表面都有一层光滑的软骨组织和起润滑作用的黏状液体。据说，这液体的润滑作用是迄今为止任何人造的润滑剂都无法与之媲美的。人体共有206块骨头，由650条肌肉和一百多个关节控制。固定肌肉与骨骼的腱极为坚韧，能承受每平方英寸8吨的压力。全身的骨头有一半以上分布在手和脚上。在跑步时，人的腿和脚每平方厘米平均要承受350公斤的压力，跳高时所承受的压力是跑步时的4倍。手是人体构造的精华，是大脑的得力侍从，是人类文化和文明的创造者。手还是世界上最多能的工具，每只手共有25个关节，可以做出58种截然不同的动作。

人的所有这些奇妙而又复杂的自然结构，都包在一层类似外衣，有弹性又不透水的皮肤里。皮肤是人体最大的单一器官。普通一个人的皮肤将近2平方米，重量约2.9公斤，厚度不到1.5毫米。皮肤上有汗孔，人体共有200万个汗孔，这是体温调节系统的一部分。人在剧烈活动时，体内温度可以比平时高出7度，这些余热就是靠出汗来散发掉的。我们的肌肉伸缩时产生的能量，四分之一是有用的，剩余的四分之三则转化成热量。表面看来，人只有在剧烈活动时及在高温条件下才出汗，其实不然，人始终处于出汗状态，每天要出0.5升以上的汗。

今天人类在精神和物质方面所创造的奇迹是他的祖先做梦也想不到的。英国文豪莎士比亚说过：人是多么好的艺术品，它的外形美妙奇特，它的动作又像天使。人是万物之精华，自然界美的化身。

与你共品
yu ni gong pin

　　人是万物之精华,自然界美的化身。人体每时每刻都在创造着工程学、化学、物理学方面的奇迹,其构造之精妙,其效率之高超,其消耗之低微,最精巧的机器人也不能与之相比。

个性独悟
ge xing du wu

　　★文章开头说:"人体每时每刻都在创造着工程学、化学、物理学方面的奇迹。"这句话中的"工程学""化学""物理学"各指什么?

　　★本文在说明人体结构时运用了大量的比喻,请一一列举出来并说说它的作用。

　　★数字有约数和确数两种,什么时候用约数,什么时候用确数要严格把握。本文在说明人体结构时用了大量数字,请阅读文章第二、第四自然段,说说哪些地方运用了确数,哪些地方运用了约数,并说说为什么有这种区别。

快乐阅读
kuai le yue du

走近人类基因组计划 ╱ ···汪　萝

一、人类只有一个基因组

　　生物进化的历史长河中,从水生到陆生、从冷血到热血、从卵生到胎生这一次又一次的飞跃是何种神灵的打造,我们的高矮、相貌的变化为何如此悬殊,有些肿瘤、艾滋病、糖尿病等为什么成为不治之症,都成了我们一直思索的玄而又玄的问题。50 年前,两位年轻的科学家 Crick 和 Watson 通过讨论和反复验证,发现了一个双螺旋式链条状结构。这个双螺旋式结构研究的课题,就是包含着人体全部遗传信息奥秘的脱氧核糖核酸,也就是目前人类所说的基因。

现代遗传学家认为,基因是 DNA 分子上具有遗传效应的特定核苷酸序列的总称。基因通过复制把遗传信息传递给下一代,使后代表现出与亲代相似的性状。而基因组是指一个生物种的遗传信息即基因的总和,通俗点儿来说,就是人是怎么用一个个基因"堆"起来的。人类只有一个基因组,大约有 5 万~10 万个基因。

迄今为止,我们不能确定所有基因的位置和功能,尽管我们已经知道控制人类生老病死的物质是基因,也找到了几千个基因在染色体上的位置,但我们无法了解全部 10 万个基因所在的确切地点以及它们究竟控制着生命的哪一个方面:是与癌症有关、与糖尿病有关,还是与心血管疾病或是精神病有关,我们无法破译这小小的基因上所承载的生命奥妙。

人类基因组计划正是在这种"困惑"的基础上建立起来的。20 世纪 80 年代中期,面临着要么"零敲碎打"从人类基因组中找几处与疾病相关的基因,要么对人类基因进行全部测序这两种选择时,美国科学家 Renato Duldecco 在 1985 年首先提出人类基因组计划,美国政府 1990 年 10 月正式启动,耗资 30 亿美元。该计划旨在画出一张人体地图,找到 46 条染色体上 30 亿个碱基对(约 10 万个基因)的准确位置,破译人类全部遗传信息,使人类第一次在分子水平上全面地认识自我。

二、基因图揭开人体奥秘

如果说人类的第一张人体解剖图,把我们器官组织诸如骨头、血管、心脏、神经、眼睛等基本结构都描绘出来,才有了今天的现代健康理论与医学手段,那么同样,人类基因图的画就将奠定 21 世纪医学发展的基础。因为人类基因组的这张图一旦绘制成功,就可按照地图去寻找,确定人类的所有基因,人类本身的很多奥秘都可以揭开,如癌症、糖尿病、艾滋病等目前还无法治愈的病因也会搞得清楚一些,药物研制就会设计得好一些,治疗方案也能"对因下药",甚至生活起居、饮食习惯等都能根据基因情况而调整,我们的健康水平就会大大提高。

长期以来,医学工作者希望用生物芯片作临床检测,而生物芯片技术依赖于基因图的破解。这种面积为 22.5 平方厘米的芯片上可承载几千至上百万个基因点,用它进行病理测试时,人体所有"生病"基因均可显示,从而给医生治疗提供依据。由于一般人在基因上都存在这样或那样的异常,这就往往表现成病症甚至生理缺陷。人类基因组完成后将能绘制出一幅最标准的基因范本,参照此基因范本的基因诊疗将是具有革命性的新医学。然而人类基因组也会因此引发一些科技伦理问题,当人们都按"最佳"基因范本"优化"自己时,人类也就丧失了多元化,至少是基因的多元化。

三、基因影响未来生活

有科学家把基因组图谱看成是指路图,类似于化学中的元素周期表,生命科学将因此掀开新的篇章;也有科学家把基因组图谱比作字典,类似于计算机中的程序语言,生命故事将因此演绎出新的情节。

1.拿着基因组图谱去看病

有人画了一张漫画,内容是医生问患者是否带上了自己的基因图谱档案,患者也问医生是否具有解读某种级别的个人基因图谱的资格许可证。

而如今,要测出一个人的基因组图谱,用的时间以年计,花掉的经费数以亿计。

随着技术的不断进步,或许在一二十年后,基因组测序所需的时间和成本就能降低到个人可以接受的程度。届时,医生可根据这些信息对某些疾病作出正确的基因诊断和预测某些疾病发生的可能性,进而对患者实施基因治疗和生活指导等。

2.十年内基因检测成为例行手段

从今年6月起,国家计划生育委员会(现为国家卫生健康委员会)将采用陕西超群公司的基因芯片,对育龄人群和胎儿进行检测,快速诊断被测对象是否带有乙肝病毒、丙肝病毒和艾滋病毒等。该公司将在10个省市建立10个基因芯片检测技术中心,有关人士预测两年内这一技术可在中国普及。

人类基因组计划的领袖人物、美国国家人类基因组研究所所长柯林斯博士说,今后10年内,基因检验将成为预测个体对疾病敏感性的例行手段。50年内,以基因组学为基础的综合卫生保健在美国将成为平常事,在许多情况下可以预防疾病,并设计出个性化的治疗方法。

3.基因疗法将成为常规疗法

柯林斯说,人类基因组图谱绘制完成之后,科学家们将深入认识各种疾病基因,以及这些基因同其他基因和环境的相互作用。在2010~2020年间,基因疗法将成为一种普通的治疗方法,至少对一小部分疾病来说是这样。

花落了还会开吗

4.凭空制造出新的生命

　　若干年后,科学家们或许能够将 DNA 碱基连在一起,生成基因和基因组。柯林斯说,如果创造出的基因组能够在其周围制造出细胞,生成的细胞又能够可靠地增殖,那么就有可能凭空制造出全新的生命。当然,由此带来的社会伦理问题绝不会比克隆少。

与你共品
yu ni gong pin

　　2000 年 5 月 10 日,美国总统作出了"毕生最光荣的一项宣布":人类基因组工作框架图绘制完成。为什么科学家要绘制出人类基因图谱呢?人类的基因到底是什么呢?它会对人类带来哪些影响呢?这篇文章就从这些方面一一作出了答案。

个性独悟
ge xing du wu

　　★什么叫"基因组"?"基因组计划"的目标是什么?

　　★在"人类只有一个基因组"这个标题下,作者主要介绍了"人类基因组计划"形成的新闻背景材料,其关键有哪两点?

　　★在"基因图揭开人体奥秘"这个标题下,作者主要对这个新闻事件的意义发表评述,着重阐述了人类基因图绘制成功的意义,其突出有哪三点?

快乐阅读
kuai le yue du

人体里的军事学校——说胸腺 / ···佚 名

在人体的胸骨后面,有一对颜色灰红、质地柔软的长梭形器官。这对不到一两重的"家伙"到底于人体有何作用,多少年来医学家们百思不得其解。直到20世纪60年代末,随着免疫学研究的发展,胸腺的功能才逐渐被揭开。原来,在人体防御"外敌"入侵和平定"内奸"战斗中,它立下了汗马功劳,被医家冠以"免疫中枢"之美称。

很多人知道,人体内有一种淋巴细胞,是保护人体健康的主力军。当它们发现有病原微生物侵入人体时,便会立即同入侵者展开殊死搏斗,直至把入侵者消灭为止。但说来使人感到惊奇的是,当这些淋巴细胞刚从骨髓里制造出来的时候,都是完全没有战斗力的,新生的淋巴细胞必须进入胸腺这所"军事学校",接受严格的"训练"后,才学会"识别敌友"的本领。

由此可见,胸腺对于人体健康是生死攸关的。老年人的胸腺逐渐萎缩,胸腺机能衰退,抵抗能力日渐低下,容易患上各种疾病。笔者曾做过一个有趣的实验,用手术的方法切除了一批刚出生的小白鼠的胸腺。几个星期后,大部分小白鼠因感染疾病先后夭折了。有两只虽长至成年,但后来都患上癌症,终归逃脱不了过早死亡的命运。胸腺对保障健康和维持生命的重要性,由此可见一斑。

人体内还经常会有一些越轨的细胞,它们常常"改头换面",无视人体的统一指挥,占山为王,无休止地生长。这些变异的细胞是酿成肿瘤的隐患,如果不把它们及时消灭的话,那是会危害生命安全的。而经过胸腺"培训"的淋巴细胞,除能消灭入侵之敌外,还学会了识别内奸异己的本领,它们游弋全身,癌细胞即使乔装打扮,它们也能发现,及时把这些"叛逆者"消灭于萌芽状态之中,这就是为什么绝大多数人不会患肿瘤的原因。相反,据调查,在大部分癌症病人体内,这种淋巴细胞的数量和功能都是低下的。

以上事实给了医学家们很大的启示——能否通过增强这些淋巴细胞的功能来治疗肿瘤呢?他们从动物的胸腺里提出一种叫胸腺素的物质,用作肿瘤患者的实验治疗,现在已取得令人鼓舞的初步成效,这给癌症的治疗带来了新的希望。

与你共品
yu ni gong pin

　　文章从防御"外敌"入侵和平定"内奸"这两方面来说明胸腺的作用。文章最突出的特点就是用形象的比喻来说明事理,既清楚地说明了道理,又给读者留下了深刻的印象。

个性独悟
ge xing du wu

　　★"在人体防御'外敌'入侵和平定'内奸'战斗中"句中"外敌"具体是指什么?"内奸"具体是指什么?胸腺被冠以"免疫中枢"的原因是什么? 被称为"军事学校"的理由是什么?

　　★文中所说的"保护人体健康的主力军"是指什么? 胸腺、骨髓、淋巴细胞三者的相互关系是什么?

　　★从文章中各找出一句运用拟人和比喻的句子,并简述其表达功能。

　　★文章要介绍有关淋巴细胞的知识,却用"说胸腺"作标题,你是怎样理解的?

快乐阅读
kuai le yue du

指纹的奥秘／···佚 名

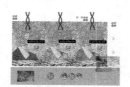

　　人的皮肤由表皮、真皮和皮下组织三部分组成。指纹就是表皮上突起的纹线。由于人的遗传特征，虽然指纹人人皆有，但各不相同。伸出你的手，仔细观察，就可以发现小小的指纹也分好几种类型。有同心圆或螺旋形纹线，看上去像水中旋涡的，叫斗形纹；有的纹线是一边开口的，就像簸箕似的，叫箕形纹；有的纹像弓一样，叫弓形纹。各人的指纹除了形状不同之外，纹线的多少、长短、粗细等也有差别。即使是父子、母女、孪生兄弟或姐妹，即使他们的外貌极为相似，但指纹也有明显不同。据说，全世界的六十多亿人中，还没有发现有两个指纹完全相同的人呢。更有趣的是，指纹是胎儿从第三四个月便开始发生，到六个月左右就形成了。当婴儿长大成人，指纹只不过长大增粗，它的形状特征却固定不变。

　　你可别小看指纹，它的用途可大啦！指纹由皮肤上许多小颗粒排列组成，这些小颗粒感觉非常敏锐，只要用手触摸物体，就会立即把感觉到的冷、热、软、硬等各种"情报"通报给大脑这个司令部，然后，大脑根据这些"情报"，发号施令，指挥动作。指纹还具有增加皮肤摩擦的作用，使手指能紧紧地握住东西，不易滑落。我们平时画图、写字、拿工具、做手工，所以能够那么得心应手，运用自如，这里面就有指纹的功劳。

　　正因为指纹的这些特征，它很早就引起人们的兴趣。在古代，人们把指纹当作"图章"，印在公文上，在一百多年前，警察就开始利用指纹破案。现在，随着科学技术的发展，指纹在医学上又有了新的用途，有的医生发现，通过检查人的指纹，能够查出某些疾病。近年来，指纹又和电子计算机成了好朋友。科学家已研制出一种"指纹锁"，这种锁的钥匙就是人的指纹，当人们开门时，只要

花落了还会开吗

用手按一下设在门上的计算机，计算机就能迅速准确地识别开门的人是不是主人,如果是的话,门马上就自动打开了,真神。

小小的指纹将来究竟还会有哪些新的用途?新的迷宫又摆在我们的面前,等待着我们去探索、去寻求。

与你共品
yu ni gong pin

　　本文采用多种说明方法,介绍了指纹的形成、形状、特性和用途。我们人人都有指纹,伸出手来就可以看到,但你对它了解吗?读罢此文,你一定对指纹有了深入的了解。

　　文章从指纹的分类着笔,详细而简练地介绍了不同类型的指纹的特征,并且对指纹在日常生活中的作用做了叙述,读之使人耳目一新,大开眼界。在文章的结尾,作者针对指纹研究的现状,指出"小小的指纹将来究竟还会有哪些新的用途? 新的迷宫又摆在我们的面前,等待着我们去探索、去寻求"。从而使读者对指纹的奥秘产生新的遐想。这些描写手法值得读者借鉴。

个性独悟
ge xing du wu

　　★用最简要的话概括本文说明的核心要点。(不超过12个字)
　　★常用的说明方法有:
　　A.下定义;B.分类别;C.举例子;D.做比较;E.打比方;F.列数字;G.画图表。
　　★本文第一段使用的说明方法有哪几种?

快乐阅读
kuai le yue du

有关耳朵 / ···周 涛

一

这是那种在日常生活中容易被忽视的、而且难得受到关照的器官。其中的原因倒不是因为它不重要,而恰恰是在于它不找麻烦。

人们只有在最无聊、最舒坦的时候才想起掏耳朵,实际上往往掏不出什么东西,但是就这样可怜的关怀,耳朵还是让人感到全身都舒服。

耳朵是一个极尽职责却不找麻烦的忠仆。

二

作为人体的声呐系统,耳朵在进化过程中完成得最具科学性和合理性。它并不是一扇关住或放进声音的门,而是一个隧道,一个构造类似漩涡的片状接受屏蔽。在头发的遮掩下,声音在旋流式的轨道上滑进那个迂回深邃的隧道,然后就像被吸收了似的无踪无影。

它不拒绝,但它过滤。假如一个人在音响面前沉默不语,你无法证明他是不是听到了那声音。

然而它美吗?在美的意义上它始终是被忽略的。但实际上这两片脆嫩的、岩石一般怪模样的问号,只要缺掉一小块儿,就立刻呈现出丑陋和不平衡来。

三

通过耳朵所获得的享乐竟然是排在首位的。这证明了人对声音的需求出乎我们平时的感觉之上，也说明声音的享乐极具普遍性和深刻性。

人的各种器官，都具有非常实际的功能，比较而言，只有耳朵，轻而易举地完成了分辨语言和音响的任务，专门就在那儿等着听音乐，耳朵对美音的需求丝毫也不比眼睛对美色的需求稍差，从这个意义上看，人类和鸟类一样重视声音。

我们人类的求偶活动也是从婉转的声音开始的，并不比鸟差。比如，人在青春期对各种甜言蜜语和流行歌曲反响强烈；还比如，一个大款把一个女士带进歌舞厅，那些音响虽不是他发出的，但却是他花钱提供的，这性质和鸟类求偶时的鸣叫是一样的。

四

不可否认，人的耳朵一般要比体型大些的兽类耳朵要短小许多，但是人类却认为自己比兽类更懂音乐。

你想，兽有多么可怜啊，它们的生存中危险四伏(其中包括来自人的危险)。弱肉强食之下，虽有长耳，已无暇顾及欣赏大自然的天籁，而需时刻警惕、捕捉那些微小的声响动静，以免顷刻间横遭捕杀。

而人，太幸福了，正常情况下不必有此忧虑，可以全身心地投入音乐的河流，遨游或想象。

人类在音乐方面是相当自负的，从"对牛弹琴""东风灌驴耳"这样的古老成语和俚语中可以看出来。

可是，我们究竟是怎么断定它们不如我们更能够领悟声音的呢？它们不言，于是就证明它们不懂吗？秋风拂万物，朗月照疏林；兽倾听于水，虫独白于穴；一切声响都含有音符，而最高的音乐又归于天籁，真的是不敢说谁更懂得音乐呢。

五

有一次马思聪夫妇到一座边城演奏，马思聪的名气很大啊，慕名的人很多，座无虚席。有一位老厂长弄到一张票，去听了，而且坚持到演奏会结束。

事后有人问他，马思聪真的拉得那么好吗？

老厂长说，拉得好是好，就是听不懂。一句也没听懂啊。老厂长感慨道。

那人问："为什么?"

"你不知道,"老厂长摆摆手说,"人家一晚上全都拉的是英文,一句中国话也没拉!"

六

声音的形态是最接近于虚无的,但是我们同样认识它、理解它、承认它。我们所使用的语言,正是依靠了这种看不见、摸不着的、空无一物的东西细微的长短强弱变化来构成的。因而人至今对语言怀有不信任感。这太空洞啦,转瞬即逝,无法证实。

于是人们发明了文字和乐谱,使这种虚无缥缈的声音落纸成形;让这些耳朵听的东西变成眼睛看的东西,人的心里就会觉得踏实一些。

但是我们为什么就能完全信任这些符号呢?它们能够完全等于那些声音吗?这些声音给我们带来的直接而又强烈的震撼、愉悦、恐怖或惊喜,能从这些符号中完全获得吗?

七

声音进入心灵的距离似乎比眼睛观察后的传达更直接、更短,它仿佛不经过大脑的分析判断而直接诉诸肉体和心灵,它更显得超理性,而且迅速影响人的情绪变化。

悲伤或欢乐都需要借助声音才能影响更多的人,大规模的无声的场面会使人感到压抑和恐怖。

在接收到令人惊异的声音时,耳朵毫无表情,但是人的全身却在剧烈变动。

八

耳朵和手掌一样预示命运。

两耳垂肩是帝王之相,耳垂肥大是通达之相,耳高于眉是智慧之相,立耳招风是将军之相……还有什么说法我不知道了。这些说法有什么科学根据并不重要,重要的是人们对耳朵的这种迷信和解释,这证明人们对声音这种空灵之物的恐惧,也证明人类对虚无的敬畏。

声音消失在时间和空间里。

声音因而也在时间和空间里获得了永恒。

九

它没有翅膀,但是它有飞翔。

它不是水或液体,但是它有波纹。

它碰撞到山谷就发出回声,仿佛那山谷在学你说话。

它是一种极小的鸟,耳朵是它的窠。

它们悬挂在山峦两侧的绝壁上,山峦的正面,是额头的白岩石——闪闪发光,闪闪发光,它在倾听这些极小的鸟振动翅羽的声音。

与你共品

yu ni gong pin

　　这是一篇说明文。周涛笔下的文章,以文学笔法,绘声绘色地向人们介绍了有关人人都有,所有动物都有的器官——耳朵的相关知识。在这基础之上,使读者更进一步了解人及动物的器官——"耳朵"。作者把知识性、文艺性、趣味性融在一起,使原本比较枯燥的人体器官介绍,具有了可读性、趣味性。作者从耳朵被忽视谈起,肯定了耳朵尽职尽责,是不找麻烦的忠仆。接着从耳朵的作用着笔,用形象的、生动的语言介绍了耳朵的结构、功能。据此转入第三部分通过人的耳朵与鸟的耳朵的比较,突出了耳朵辨别美乐的普遍性和深刻性。进而推及动物的耳朵,层层深入,使读者全面认识耳朵的作用、功能。为进一步说明问题,作者列举了听音乐的实例,给人以深刻的警示,论述得恰到好处。紧接着从耳朵听声音的形态让读者来认识它、理解它、承认它。又从心灵对声音的感受揭示耳朵的作用。虽然人类对耳朵的研究已经有许多重大进展,然而耳朵那神秘的功效还有待于进一步探索。

个性独悟
ge xing du wu

　　★文中第一部分,作者是怎样开启全文的,如何评价了耳朵,从表达方式上看属哪一类? 文中第二部分,作者从什么角度介绍耳朵,"然而它美么?"在这部分中起什么作用?

　　★在人类的耳朵与兽类的耳朵比较中,人类是如何对待耳朵,兽类又是如何对待耳朵,作者对此持什么观点。

　　★作者在介绍耳朵听到的声音形态时,同什么进行类比? 进而又发出了怎样的疑问,这里说明什么呢?

　　★说明文常常因为文体的限制给人枯燥乏味之感,周涛的《有关耳朵》一文给你留下什么印象? 概述《有关耳朵》一文的长处与不足。

作文链接
zuo wen lian jie

克隆人的大麻烦 /···小 飞

　　克隆人,这种以前只能在科幻小说中看到的事情,似乎已经离我们不远了。在克隆动物已经不再新鲜的今天,人类是否应该克隆自己呢?科学界一直在激烈争论着。

一、三位"科学疯子"

　　2001 年的夏天,在美国科学院会议大厅,支持与反对克隆人的科学家们进行了有史以来的第一次正面交锋。

　　在会上,有三位科学家不顾大多数人的反对,坚持要克隆人,因此被学术界称为"科学疯子"。他们是:美国"克隆基金会"主任布瓦瑟利耶、美国莱克星顿大学教授扎沃斯、意大利科学家安提诺里。

　　安提诺里宣称,虽然存在巨大的医学风险和反对理由,他仍将坚定不移地展开克隆人的计划。布瓦瑟利耶说："我认为已经有足够的办法进行克隆人的试验,再克隆动物已经没有意义。"他还暗示自己已经开始了这项试验,不久将发表试验结果,与他人分享。

二、克隆人问题不少

"科学疯子"的发言如同引爆了一枚重磅炸弹,立即引来了学者们的强烈反对——克隆人不仅会引起社会伦理与道德问题,而且技术上也不成熟。据最乐观的估计,克隆人的成功率不足 5%。而且,克隆个体还可能存在着缺陷、残疾和早衰等现象。

有的科学家表示,即使克隆出酷似历史上的伟大领袖、伟大科学家那样的人物,也仅在外貌上相同,却缺乏他们的思想、气质和才能,因此克隆人是没有意义的。有人主张克隆人用于医学上的器官移植,这也是不可行的。因为克隆出来的人首先是一个公民,他享有人权,如果克隆人不肯捐赠器官,发明者也不能侵犯人权。

三、克隆人不可避免吗

目前,全世界已有 20 多个国家明令禁止克隆人。一些国家已向联合国秘书长提出建议,敦促联合国尽快出台禁止克隆人的国际公约。

事实上,许多科学家私下里却表示,由于克隆需要的仪器相对简单,价格也比较便宜。因此,不管政府批准还是不批准,总会有人冒险,这是无法阻止的。20 年内出现第一个克隆人类婴儿将不可避免。

中国科学院院士何祚庥曾这样说过:"克隆人真的出现也没什么可怕,我就是担心技术不够进步和完善,研制出来的不是一个健康的人而是一个傻瓜或者白痴……克隆人出现的伦理问题应该正视,但没有理由因此而反对科技的进步。"

【简 评】

克隆人是当今科学界颇有争议的一个问题。本文作者以客观的态度对克隆人存在的问题及现状进行了介绍。全文层次分明,语言表达准确。

奇妙的生物钟 / ···佚 名

现代人的生活离不开时钟。各种生物的生活很有规律,很有秩序,似乎也是严格按照时钟进行活动的。这种现象叫作"生物钟"现象。

鸡叫三遍天亮,牵牛花破晓开放,青蛙冬眠春晓,大雁南来北往。这些随昼夜交替和四季变更而变化的生命现象是众所周知的。在人体内也有许多钟表,指挥着人体各种器官生理功能有节律地活动。其中有 24 小时节律的,如人在昼夜中睡眠和觉醒的交替;体温凌晨低,下午高,再到凌晨又低,一天内由 36 摄氏度到 38.2 摄氏度之间变化;心跳的变化,在 24 小时内快慢每分钟可差 20~30 次;清晨测血压可能是 120/80,到黄昏时可高达 140/100。

人体内还有以月为周期的生物钟,其中最明显的是妇女月经周期。女性是大约 29 天来一次月经,非常准时,好像月亮圆了又缺,缺了又圆,一月周而复始。可见,从生物到人体对时间都有某种规律的联系。

生物钟究竟在什么地方?科学家做了大量的研究工作,还没有准确的结论。只能简单地回答,大概在下丘脑的某些神经细胞中。

生物钟的研究对医疗事业的发展具有特殊的意义。临床医生开始注意到,同样的医疗措施往往产生不同的医疗效果,这与治疗的时间有关。心脏病人对药物地黄的敏感性,凌晨 4 时比平时大 40 倍。糖尿病人在夜间注射胰岛素比白天注射效果好。

研究生物钟对农业意义更大。利用植物季节生长和成熟规律,采用人工控制光照周期,可使谷物和蔬菜增产。鱼类的洄游是按季节规律进行的,了解鱼类的洄游路线,掌握活动规律,渔民就能轻而易举地找到鱼群。

生物钟的研究前景迷人。一门研究生物与时间关系的新学科——时间生物学也已诞生。毫无疑问,随着研究的深入,生物钟的原理将在生产实践中得到更广泛的应用。

【简 评】
jian   ping

　　这是一篇说明文。作者运用列数字、举例子、作比较等说明方法，对奇妙的生物钟现象进行了说明。全文语言平实、态度客观，充分地体现了说明文的知识性、客观性和准确性。

神秘的宇宙

科学卷

黑洞是个天生的低音歌手

是宇宙中探测到的最低沉的声音

　　根据许多科学家数十年来一贯支持的大爆炸理论，我们的宇宙大约诞生于140亿年前。按照该理论的解释，宇宙形成于140亿年前一个体积极小且密度极大的物质的爆炸，爆炸发生后喷发出物质微粒和能量，也正是从那时起才开始产生了时间和空间、质量和能量。在大爆炸发生前，既没有物质，也没有能量，当然也没有生命。

　　"大爆炸"宇宙诞生理论一直被天文学界普遍认同，但近期哈勃太空望远镜拍摄的宇宙深处的照片却让科学家们对"大爆炸"理论打上了一个重重的问号。

快乐阅读
kuai le yue du

海中怪火 / ··· 张庆麟

1975年9月2日傍晚，在江苏省朗家沙一带，海面上发出微微的光亮，随着波浪的起伏跳跃，就像燃烧的火焰那样翻腾不息，一直到天亮时才逐渐消失。第二天夜晚，亮光再次出现，而且更强。以后逐日加强，到第七天，有人注意到，海面上涌现出很多泡沫，当渔船驶过时，激起的水流明亮异常，如同灯光照耀，水中含有珍珠般闪闪发光的颗粒。几个小时以后，这里发生了一次地震。

在1976年7月28日唐山大地震的前一天晚上，人们也曾在秦皇岛、北戴河一带的海面上看到过发光现象。有人还在秦皇岛的油码头，看到海中有一条火龙似的明亮光带。

在日本，还有更奇异的海火现象。1896年6月15日，日本三陆遭受高达25米的海啸巨浪的袭击。当海水退出3英里时，人们看到水底发出一种淡青色的光，以致在漆黑无月的夜晚，也能清晰地看出远处村落的轮廓。后来，浪涛又重新汹涌地袭来。这时，天空出现了粉红的色彩。有一个渔民乘船在巨浪中行驶，亲眼看到波峰上的闪光，就像电灯那么明亮，足以分辨出衣服上的花纹。

1933年3月3日凌晨，在日本三陆又发生了海啸。人们在釜石湾海面上，看到波浪从湾口附近的灯塔向海湾中央涌进时，浪头底下出现了三四个像草帽般的圆形发光物，横排着前进，色泽青紫，像探照灯那样照向四面八方，光亮使人可以看到随波逐流的破船碎块。一会儿，互相撞击的浪花，又把这圆形发光物搅碎，随之就不见了。

海火是怎样产生的呢？一般认为，这与海里的发光生物有关。

水里的发光生物，因为扰动而发光的现象是早为人们所熟知的。拉丁美洲大巴哈马岛上有一个"火湖"，由于湖里繁殖着大量会发光的甲藻，因此每当夜晚,泛舟湖上,随着船桨的摆动,便会激起万点"火光"。有时跃出水面的鱼儿,也会溅出绚丽的火星。如果用密眼的网滤过少量湖水,那么,从水中提出后,网上就好像散布着许多发光点。这种景象真像一幅星光灿灿的寒冬夜景的彩色画。要是有人跳入水中,一刹那间,壮丽的景象达到了顶点,整个潜入水中的身体轮廓都发出了亮光,四肢划动时,便形成一团闪闪发光的大火……

甲藻受扰动发光,与这种微小的、只有几个微米大的浮游生物机体内含有荧光酵素有关,在水受扰动时,由于发生氧化作用,因而发生灿烂迷人的"火花"。

正由于海中有如此众多的会发光的生物,因此,当海水受到地震或海啸的剧烈震荡时,便会发生异常的光亮。至于釜石湾中人们看到的那种草帽般的海火,日本学者推测,有可能这是由于发光生物的局部聚集后形成的。他们还指出,在其他地方的地震或海啸中,也会出现类似现象。如1896年那次海啸,岩平县有人看到海中有数十个灯笼似的"怪火"。原来出现"怪火"的地方,正是海啸时波浪中聚集的发光生物在作怪。还有人看到的,出现在海面低空的明月般火球,有可能是海火的幻影,是一种海市蜃楼。

地震和海啸时出现的各种类型的海火,有人认为不一定都由海洋的发光生物引起,有的就像在陆上地震时常常看到的地光一样,和地球本身的内在运动有关。但是,究竟哪些与发光生物无关?它们怎样发光?却有待人们作进一步的探索。

与你共品
yu ni gong pin

自然界存在着许多尚未被人们认识的现象,有些虽已认识但还无法窥知它的规律,因此也无法事前防止或预知它的发生。海啸和地震就是其中的两种。

奇怪的是,伴随地震和海啸的发生,海面上常常出现一些发光现象,而且通常总是出现在地震和海啸前头,成为地震或海啸前的一种预兆。本文就是通过具体实例,向人们介绍这种"海火"现象的。

这里介绍的"海火"主要是介绍海洋里的发光生物。"海火"现象常常是海洋中的发光生物所致。作者认为,"正由于海洋中有如此众多的会发光的生物，因此，当海水受到地震或海啸的剧烈震荡时，便会发出异常的光亮"。当然，地震和海啸出现时各种类型的"海火"，不完全是海洋里发光生物造成的。作者同时指出这一现象"却有待人们作进一步的探索"。

个性独悟
ge xing du wu

★文章开头有什么特点？

★本文用了哪些说明方法？有什么作用？

快乐阅读
kuai le yue du

我在北极光下 / ··· 宋礼庭

　　虽然许多书上有北极光的描述，但只有你亲眼看到它，才能真正感受到那种极大规模的高能粒子呼啸而来，激烈地冲击大气而引起的极大规模的发光现象。

　　1981年冬，我到瑞典北极圈观测和拍摄北极光。北极区的冬夜是十分寒冷的，我一个人在山坡小松林里等待极光，支在雪地里的照相机架结满了白霜。8点过后，突然在北方的天空出现一抹淡淡的白色光带，离得很远，几分钟后，它慢慢地消失了。一会儿，在方才出现光带的附近，又是一抹光带出现，也是东西走向，在开始出现的一头有个亮边，似乎在变化，变亮。粗看整个光带像中国书法那漫不经心的一横，头重尾轻。细看光带中间有光亮的竖纹在慢慢移动，也是十分钟左右开始变暗。这两次极光像是一段序曲，告诉站在雪地里的人不要离开，精彩的演出马上就要开始。我做了准备，但没有想到它的到来是那么动人心魄。

我正注视那两段"序光"消失的夜空位置时，突然，几乎就在我的头顶上，一片宏大的光幕垂了下来，强烈的黄白色的光把地面灌木丛的影子都显出来了。在我想象中也没有这样的景色，它巨大宽广，惊心动魄，霎时山坡的森林，地面上的楼房，都显得渺小了。它横贯半个天空，看它远处一端，好像直落地面。这个带色的巨大光幕在慢慢游动着。一些细小的光束又在整个光带内扭动、弯曲和飘移，大光带一边运动，一边改变容貌，一会儿折叠起来，一会儿又展开，再一会儿它分成了两束。一束由一条像游龙似的光带变成垂满半个天空的卷曲的幕布，幕布的下边缘还像镶了一个亮边。在 10 分钟内，整个"演出"由天空左边移到右边，但无论怎样变化，它连成一体并不碎裂。历时约 20 分钟，它慢慢变淡、消失，最后在夜空上留下淡得几乎看不出来的一片白色的残迹。这时只在原先出现"序曲"极光的地方，还有一段其貌不扬的极光在唱着尾声。

那天晚上我看到了各种形态的极光，等到极光不再出现，我已经手脚麻木，赶快抱起照相机架跌跌撞撞奔回住处。已经两点钟了，我仍然兴奋得毫无倦意，无论谁第一次看见这种大规模的极光，都不会无动于衷。我心里有一个急切的念头，就是快些把我看到的极光景象告诉国内的朋友们，特别是那些和我一起查阅过中国古代极光记载的朋友们，他们一定很高兴分享我的喜悦。

与你共品
yu ni gong pin

这篇科学小品作者用精美的文笔描绘出极地奇观："那种极大规模的高能粒子呼啸而来，激烈地冲击大气而引起的极大规模的发光现象。"亦即北极光。确实令人大开眼界；科学工作者献身极地的研究热忱与开拓勇气，也令人钦佩和赞叹不已。

个性独悟
ge xing du wu

★从"等待极光"到"极光不再出现",作者这次实地观测北极光大约多长时间?本文只描述了第一次看见的大规模的极光景象,历时并没有那么长,仅此一点,联系文中描述的极圈季候,你能加深对科学探索所需要的品质的理解吗?

★写北极光出现时,作者以什么作陪衬来表现其宏大宽广的形体?以哪两个动词,表现其恢宏的气势?

★第二段结尾处的"演出"和"序曲"与本段开头相呼应,可作者在这两个词上加了引号,其作用是什么?

快乐阅读
kuai le yue du

风暴:来自太阳 / · · · 汪 罗

太阳活动呈周期性变化,周期约 11.2 年。目前一般认为,产生太阳活动现象的主要原因之一是太阳自转的不均匀性与太阳磁场之间的相互作用。现在把太阳活动出现频率相对高的年份称为"太阳活动峰年"。上一次峰年发生在 1989~1991 年间,从 1999 年下半年起,太阳又进入了一个新的活动期,约持续到 2001 年。太阳剧烈活动的具体表现为黑子增多、大型耀斑爆发,这最终导致太阳风和太阳电磁辐射的不稳定和增强。

太阳会在太阳黑子活动的高峰时产生太阳风暴,这一现象是由美国"水手

2 号"探测器于 1962 年发现的,实际上它是太阳因能量的增加而使得自身活动加强,从而向广袤的空间释放出大量带电粒子所形成的高速粒子流,科学家便形象地把这一现象比喻为太阳打"喷嚏"。由于太阳风中的气团主要内容是带电等离子体,并以每小时 150 万到 300 万公里的速度闯入太空,因此它会对地球的空间环境产生巨大冲击。

1989 年 3 月,加拿大魁北克省的电力突然全面中断,持续时间长达 9 个小时。令人惊讶的是,这次事件的"罪魁祸首"竟是太阳!一次莽撞的太阳风暴跟人类开了个不小的玩笑。

如果以能量计算,任何一次太阳风暴都像是挣脱地狱的魔鬼。它从炽热憋闷的太阳身上逃逸出来,挟带着数量惊人的 X 射线、等离子电荷和巨大磁场,穿越了几百万公里的空间路程,向着人类居住的地球扑来。幸运的是,它们大多数都消失在漫无目的的旅程中,而千辛万苦到达地球的一部分,又被厚厚的大气层冷冷挡在门外,能够穿透大气层并对人类产生影响的是极少数。但正是这样的极少数,可能造成危害人类的重大事故。这些射线和带电离子无情地轰击地球,就像来自洪荒远古的猛兽恣意蹂躏弱小的动物。有关记录表明,这些不速之客在人类历史上其实早就留下不少"劣迹",只不过最近才更多地引起人们注意罢了。

科学研究和有力的事实证明,太阳风暴的强大辐射不仅威胁到暴露在太空中的宇航员 (太阳活动使宇航员遭受的辐射剂量相当于作几百次 X 射线胸部透视)和卫星,甚至能穿透地球的大气层,扰乱地球磁场,影响人类生活。

根据科学家的观测,影响人类生活的情况往往发生在太阳活动最活跃的时间段。当太阳进入活跃期,使手机等无线电通信、飞机和船只的导航以及电力供应受到严重干扰,甚至发生中断,人的大脑也将受到各种辐射的损伤。在臭氧层减少的地区表现将尤为明显。众所周知,太阳的活动周期是 11 年,它上一次最活跃的时候制造了魁北克事件,11 年后, 也就是我们正置身其中的2000 年,它又会怎样呢?

科学家们把太阳风暴比喻为太阳打"喷嚏",说起来轻松,但由于太阳的活动对地球至关重要,因而太阳一打"喷嚏",地球往往会发"高烧"。

一、影响通信

由于太阳风暴是股强大的夹带磁场的带电粒子流,它既在总体上影响太阳系内的磁场结构, 也对包括地球在内的各行星磁场起着不可忽视的干扰作用。2000 年 6 月 8 日,太阳黑子活动再次达到高潮,形成太阳风暴。8 日,加拿大地磁预报中心设在北极地区的观测点因为太阳风暴引起的地磁干扰而失去与飞机的通信联络。

我国有关机构连续进行的监测表明,从6月2日迄今,我国已经受到太阳风暴三次干扰。其中最大的一次干扰事件就发生在北京时间6月9日,全国范围内短波信号受到干扰,持续时间长达17小时。广播卫星通信和卫星导航定位等无线电系统也受到了干扰甚至中断。

二、对人体的影响

俄罗斯科学家纳塔利娅·卡尔瑙霍娃指出,太阳在活动高峰期发出的辐射可降低淋巴细胞的功能。实验表明,太阳辐射使淋巴细胞合成蛋白质的功能几乎降低了一半,而蛋白质正是合成抵御疾病感染的新抗体的原料。

此外,有专家认为,有些心血管病人对太阳黑子剧烈活动引起的电离层磁扰动比较敏感,太阳磁暴可能使他们的病情加重。另外,一次太阳风暴的辐射量很容易达到相当于多次胸部X射线检查的水平。

三、威胁卫星

据有关专家介绍,由太阳黑子活动引起的太阳风暴对商业卫星是重大的考验。太阳风暴这次抵达地球时,俄罗斯的一颗导航卫星6月8日就差点儿失去方向。

太阳风暴还会造成人造卫星的短路。许多靠卫星传播的通信业务可能因此停顿。1998年5月,美国银河4号卫星因受太阳风暴影响而失灵,造成北美地区80%的寻呼机无法使用,金融服务陷入脱机状态,信用卡交易也被中断。

四、破坏臭氧层

太阳风暴还是造成臭氧空洞的元凶之一。虽然有地磁层的保护,但太阳高能粒子中仍有一部分穿越地球磁层,并沿着磁力线集中于南北两极。由于高能粒子中以氢元素为主,到达两极后,最容易和臭氧合成水,所以它首先破坏的是两极的臭氧。

既然太阳的活动情况对远在地球上生活的人类会产生巨大影响,为什么科研工作者们不能像预报天气情况一样,事先预报太空气象情况呢?

据有关天文专家介绍,太空气象预报机构并非没有,国际空间环境预报中心是专门从事预报太空气象的机构;我国北京也有个预警中心,就设在北京天文台。太空气象预报一般分为长期、中期和短期三种,其中短期预报难度最大。据了解,现在北京预警中心每两周发布一次太空气象预报信息,目前还达不到每日太空气象预报的要求。

尽管目前太空气象预报的水平只相当于 1960 年的地面天气预报水平,但 30 多年来,科研人员还是在 24 小时预报太阳风暴工作上取得了进展。风暴通常是由于太阳内部一向受压抑的磁场力被突然释放而产生的,对太空气象的影响至关重要。但最可靠的太阳风暴警告预报时间只有一个钟头:当从太阳放射出的电离云经过设置在太空中的太阳探测卫星时,地球上的人们才能得到准确的信息。这颗探测卫星离地球 150 公里,而太阳冲击波只需 1 小时就越过这段对我们来说遥远之极的距离,到达地球。一个小时,要把警告信息传遍全球,实在令人有点措手不及。

与你共品
yu ni gong pin

太阳风暴是太阳因能量的增加而使得自身活动加强,从而向广袤的空间释放出大量带电粒子所形成的高速粒子流。每一次强热带风暴都会给人类带来巨大的灾难,一次强烈的太阳风暴会对人类产生什么影响呢?文章主要从四个方面来加以说明。

个性独悟
ge xing du wu

★什么是太阳风暴?太阳风暴影响人类生活,是因为什么原因?
★本文除介绍什么是太阳风暴外,还重点介绍了什么?
★太阳风暴主要在哪些方面对人类造成影响?

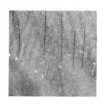

月亮——地球的妻子、姐妹，还是女儿／··· 卞毓麟

中秋赏月，忽有友人相问："月亮生于何年，来自何方？"在天文学上，这个问题称为"月球的起源"。其答案虽然至今尚付阙如，但是太空悬案的侦察员——天文学家们——却根据众多的天文观测事实，对月球的身份作了合乎逻辑的推测。总的说来，大致有三种可能：月球若不是地球的妻子，那便是地球的姐妹，或者是地球的女儿。

你看，月球的平均密度是每立方厘米3.34克，只相当于地球密度的五分之三，而且两者的化学成分又大不相同，因此情况很可能是这样：当46亿年以前我们这个太阳系从一大团星云物质脱胎而出时，月球和地球分别处在相去甚远的不同部位，它们各由当地的不同物质所形成。另一方面，月球的平均密度又与小行星的乃至陨星的密度十分相近。所以，它原先很可能是一颗小行星，在它围绕太阳运行的过程中一度接近地球，并为后者的引力所俘获，而成为地球的卫星。这种学说称为"俘获说"。倘若情况果真如此，那么，将地球与月球比作邂逅遂成天作之合的夫妻，岂不是再妙不过了吗？

但是，地球的直径只是月球直径的3.7倍，并不悬殊；况且，迄今为止人们所知的小行星无一例外都比月球小得多；所以，像地球这么一颗并不很大的行星，偏偏要俘获一个像月球这么大的小行星亦实非易事。于是，有一部分天文学家认为：在太阳系形成之际，地球和月球由同一块尘埃云凝聚而成。它们的平均密度和化学成分之所以不同，乃是由于原始星云中的金属成分在行星形成之前已先行凝聚成团。这种学说称为"同源说"。如此看来，月亮岂不就是地球的妹妹？

最后一种推测更具有戏剧性：在40多亿年前，太阳系形成之初，地球月球原为一体。当时地球处于高温熔融状态，自转很快；天长日久，便从其赤道区飞出一大块物质，形成了月球。太平洋便是月球分裂出去的残迹。你看，月亮岂不又成了地球的女儿？不过，这种理论却面临着许多难题，比方说，它有一个必然的推论，即月球的位置应该处在地球的赤道面上，而实际情况却并非如此。现在,赞成这种"分裂说"的人已经比较少了。

　　可爱的月亮啊,你究竟是谁? 你尽可以讳莫如深,人类却总有一天会掀开你的神秘面纱,把你的真相查个水落石出!

与你共品
yu ni gong pin

　　这是一篇介绍月亮的文章,文章标题采用拟人的修辞手法,将枯燥难懂的科学知识表达得富有人情味。文章开头用"中秋赏月"的话题引出说明的对象,增强文章的趣味性,语言也显得生动活泼。

个性独悟
ge xing du wu

　　★第二段"月球和地球分别处在相去甚远的不同部位"中的"去"是什么意思?

　　★第三段说月亮是地球的妹妹,如果用科学的说法表达,在本段中是哪一句?

　　★最后一段的"可爱"一词,从感情色彩与文章第一段中的哪个词相呼应?

　　★本文结尾段语言活泼、风趣,用一句朴素简洁的话,把这一段表达的意思说出来。

新型火箭何时问鼎长天 / ···尹怀勤

新世纪初,世界上将有一批新的大型运载火箭投放国际发射市场。为巩固我国航天大国地位,中国运载火箭技术研究院已开始牵头研制新一代运载火箭。

西方发达国家一直把夺取和保持空间优势作为航天领域的首要任务,不断加速新型运载工具的研制。美国计划2002年首次发射波音公司研制的直径为5.4米、高轨道运载能力为4.2吨至13.2吨的D-4型火箭。欧洲计划2002年和2005年先后发射欧空局研制的直径同为5.4米、高轨道运载能力分别为1.8吨至10.5吨和12吨的三种改进型火箭。日本计划于2004年发射直径为4米、高轨道运载能力为9.5吨的H-2A型火箭。这使我国运载火箭的国际地位面临着严峻的挑战。

为使我国火箭技术继续在世界航天发射市场上占有一席之地,研制新一代运载火箭,已迫在眉睫。为此,国防科工委于2001年5月10日在北京召开了新一代运载火箭研究课题论证评审会。这标志着我国运载火箭技术开始向更高水平攀登。

新一代运载火箭具有三个明显的特点。一是推力大。火箭可以满足发射不同用途的大型卫星、行星探测器、宇宙飞船和空间站的需要,能够承担国内外新型航天器的发射任务,运载能力保持在世界航天领域应有的席位。二是无污染。原来使用的无毒液氢液氧推进剂,不仅要继续使用,而且要增大发动机的推力。原来使用的有毒的偏二甲肼和四氧化二氮推进剂,不仅要被无毒的煤油和液氧所取代,而且发动机要大型化。更换推进剂的目的是要推出环保型火箭。三是成本低。火箭要实现通用化、系列化和组合化设计,不仅有高可靠性,而且降低成本,使我国航天发射经济性好、竞争力强的优点更为突出。发达国家航天发射费用,每千克均在2万美元以上,我国最高为1.6万美元,新一代运载火箭要保持这一优势。

从实现的技术途径来讲,新一代运载火箭可用一个重点、两种动力系统和三类模块来概括。一个重点是以发展5米箭体直径的大型火箭为重点。两种动力系统是以采用 51 吨推力的液氢液氮发动机和 128 吨推力的煤油液氧发动机为两种新型动力系统。三类模块是以 5 米、3.35 米和 2.25 米三种直径的火箭为三类基本模块。通过模块化的选配组合,既可避免重复研制,有效地减少工作量;又可形成新一代运载火箭系列;能够满足不同发射重量的要求,这样一来,用于发射近地轨道有效载荷的火箭,其运载能力可覆盖 1.2 吨至 25 吨;用于发射地球同步轨道有效载荷的火箭,其运载能力可覆盖 1.8 吨至 14 吨。两者的最大值,都比长征系列运载火箭的最高运载能力高出三倍左右。保守地估计,新一代系列运载火箭能满足未来 30 年国内航天发射市场的需要。

研制新一代运载火箭的计划分为两个阶段。第一阶段,从现在起约用 3 年时间完成预先研究,对关键技术问题进行攻关,并取得突破性成果。第二阶段,再用 3 年时间完成工程研制,正样产品通过各种试验并提供使用。用大约 6 年时间,形成基本系列,问鼎长天,投放国际市场,参加发射业务的竞争。

作为 21 世纪上半叶发射各种航天器的主要动力推进装置之一,我国新一代火箭问世之后,不仅在国际高科技产业群中形成有中国自主知识产权的名牌产品,而且会为人类和平开发利用空间资源做出更大贡献。

与你共品
yu ni gong pin

步入新世纪,科技已成为一国综合国力的象征,而航天技术更是科技发展的核心。本文具体介绍新一代运载火箭具有推力大、无污染、成本低的特点。我国也已着手研制新一代运载火箭,估计用 6 年时间投入发射,届时必定为我国高科技产业带来巨大利益,并为人类和平开发利用空间资源,作出更大贡献。

个性独悟
ge xing du wu

★作者所列举西方发达国家的新型火箭的数据中，都具有哪些特点？

★新一代运载火箭具有的三个明显特点是什么？

★新一代运载火箭的研制分几个阶段，具体包括哪些内容？

★我国新一代运载火箭大约在2007年问鼎长天，新一代火箭问世后将会对中国科技产业带来怎样的影响？

快乐阅读
kuai le yue du

"环境一号"，造福人类的"太空眼"/···紫 晓

人类的生存与发展正面临着自然灾害侵蚀和环境日益恶化的威胁，利用航天遥感技术进行监测，对自然灾害和环境状况变化提前预报，成为人类抵御这一威胁的有力武器。

近年来国内外大量的事实证明，利用卫星遥感技术，对灾害和环境污染进行监测和预报，是减轻自然灾害损失和保护环境的一种行之有效的手段。

近几十年来，国际上已经发射了气象、资源等可用于灾害监测的卫星三十多种，这些卫星可以大范围地观测大气层和详细查明地面情况，对于预报灾害发生、估计灾害损失、指导防灾减灾救灾以及灾后重建，都起着十分重要的作用。

美国有报道显示,在农业方面,当有自然灾害发生时,如果利用卫星遥感手段早 3~5 天发布预报并采取措施,一般可减少损失 30%~40%;在其他方面,如海洋渔业,通过遥感测知海温分布后,捕获量可大大增加;对于风灾、雪灾和水灾,如有预报和及时监测,均可大大减少损失。

1998 年我国长江、松花江和嫩江发生百年不遇的特大洪涝灾害,有关部门紧急调用多颗卫星进行灾害监测,为减灾提供了大量可靠资料,有力地支持了抗洪救灾工作。

由此可见,建立一个卫星灾害、环境监测系统,对于我们这样一个人口众多、自然条件并不十分优越、正在进行现代化建设的国家,具有十分重要的现实意义。

在众多卫星减灾计划中,尤以我国"两弹一星"功勋科学家陈方允院士、中国减灾中心王昂生教授、北京大学马霭乃教授和中国科学院姜景上研究员于 1991~1992 年提出的建立全球综合的防灾减灾卫星系统的建议最为引人注目。整个卫星系统包括:我国风云二号气象卫星和各国已经发射在轨运行的气象卫星、小卫星星座系统和雷达卫星系统。通过各类卫星实现对地球实时、快速和连续的观测。充分利用卫星遥感技术,迅速、准确地获取灾害和环境信息,及时、全面掌握自然灾害和环境污染的发生、发展与演变过程,为防灾、抗灾、救灾,遏制环境污染与生态破坏提供科学的决策依据,提高综合减灾和环境保护能力。

经过一段时间的科学论证后,我国环境和灾害监测领域一项最引人注目的卫星工程——"环境一号"小卫星星座系统正式浮出水面。"十五"末期,在广袤的太空中,将出现一个由我国科学家建造的"人造星座"。

我国"环境一号"小卫星星座由 3~8 颗小卫星组成,使用 CAST968 小卫星平台。"环境一号"小卫星星座由光学星和合成孔径雷达星组成,近期目标是建成三星星座,由两颗光学星和一颗合成孔径雷达星组成。一颗光学星上配置宽覆盖多光谱可见光相机 2 台和超光谱成像仪 1 台,另一颗光学星上配置宽覆盖多光谱可见光相机 2 台和红外相机 1 台;雷达星配置红外相机 1 台。最终建成的八星星座由四颗光学星和四颗合成孔径雷达星组成。卫星采用对地定向三轴稳定,具有轨道机动变轨能力,卫星采用两翼电池阵,设计寿命 3 年。

可以预见,随着设计先进、配置合理的我国"环境一号"小卫星星座系统的建立,我国的灾害与环境监测、预报水平将大大提升,为防御灾害、保护环境提供更加强有力的保证。

与你共品
yu ni gong pin

当危害人类生存与发展的天灾祸害降临前，是谁将此第一个告诉人类？近年来国内外大量的事实证明，利用卫星遥感技术，对灾害和环境污染进行监测和预报，是减轻自然灾害损失和保护环境的一种行之有效的手段。

本文还介绍了由我国科学家将于 2005 年左右建成的"环境一号"小卫星星座，将对我国的环境监测和灾害预报水平产生质的飞跃，可谓大快人心。

全文立足于介绍气象、资源、环境监测卫星这一大家既熟悉又陌生的新型科学技术工程。着重阐述了人们是如何以这些卫星为工具，即文中所说的"太空眼"，采用最新的卫星遥感测绘技术来造福人类生活的。阅读本文，读者要认真品味作者描写的简练性和准确性。另外，文章先从世界范围着笔，最后笔落我国的卫星发展现状及未来，这是一般的科学说明文的写法，这也是读者朋友应予以借鉴的。

个性独悟
ge xing du wu

★"成为人类抵御这一威胁的有力武器"一句中的"这一威胁"指什么？

★第四段运用了什么说明方法，其作用是什么？

★我国所建立的全球综合防灾减灾卫星系统包括哪些方面？

★"环境一号"小卫星系统由什么组成？随着"环境一号"小卫星系统的建立，对于我们这样一个人口众多的国家究竟优越在哪里？

花落了还会开吗

沥青湖——古代的陷阱／···李传夔

那是 15000 年前的事了。

在太平洋的东岸,北美海岸山脉的西麓,负山面海,有几个小小的沥青湖。糖饴般黑色的沥青顺着地下的裂缝涌出地表,流到洼处,慢慢地平静下来,形成了湖泊。一阵急雨过后,乌亮的湖面上积聚了一汪清水。阳光透过,光辉夺目,点缀在那碧海苍松之间,景色十分宜人。清澈的湖水引来了一群蹦跳的小松鼠,边饮边闹,嬉玩得正起劲,不想有一只稍不经心,掉进了尚未干涸的沥青里,余众一惊分散。剩下这只,弄得满身黏稠的黑油,竭尽全力在挣扎着……这时,天空盘旋着几只隼鹰,见有利可图,俯冲直下,岂知用力过猛,抓到了松鼠,却连自己的翅膀也浸入沥青中。几度展翅,却愈粘愈多,最后雄鹰变成了"油鸡",只好和松鼠一块葬身在湖中。又过了一阵,一只野牛,摇头摆尾地来湖边喝水。牛大蹄重,薄薄的一层半干的沥青湖面哪里经得起这笨重莽撞的家伙,"扑通"一声,牛失前蹄,又陷下去了。拔起这只,又陷进那只,使尽了浑身的牛劲,只能愈拔愈深,无可奈何,只有哀鸣呼救,可惜唤来的不是同伴的救援,而是一群贪婪残暴的大野狼。一伙蜂拥而上,你挤我夺,各不相让,最后又有几个,牛肉不曾到口,反被挤到沥青湖中,连性命也断送了……就这样日积月累,年复一年,在这个小小沥青湖中坑陷了无数生命,其中绝大多数却是为争夺食物而葬身的暴徒——猛禽和猛兽。

这是 15000 年前的一幅化石埋藏图。如今人们已把化石复原陈列在沥青湖畔,变成了美国洛杉矶市博物馆著名的汉柯克化石公园了。

这里的沥青早在几世纪前就被印第安人发现和利用着。后来,白人殖民主义者夺走了印第安人的土地,在沥青湖附近树起了一座座的油井钢架。而汉柯克公园只不过是附近占地不到 0.14 平方公里(32 英亩,合不到 200 市亩)的一个小园子。

这个园子尽管还没有北海公园的三分之一大,可是自 1875 年殖民者发现第一块化石起,在整整的 100 年中,发掘出大量的脊椎动物化石。截至目前,至少挖出了 1646 条恐狼、2100 只剑齿虎、239 条山狗、159 头野牛、130 匹西方马、76 只地獭、36 匹骆驼、20 多头猛犸象，还有棕熊、小哺乳动物、133 种鸟类、爬行动物、蟾蜍，以及人工刻过的骨器等。有人曾经统计过，在不到 3 立方米的岩石内，就保存了 50 件恐狼头骨、30 件剑齿虎头骨，还有不少野牛、地獭、山狗和鸟。请想一想，不到 3 立方米的空间，还没有一辆解放牌汽车货箱的容积大呢，里边却装进了这么多的头骨，密密麻麻，简直像收购站的骨头堆了。可这些石化了的头骨，有不少是极为完整的骨架和头骨，现在或陈列在博物馆大厅里，或复原装架在沥青湖畔。其中一头小猛犸象就是最近安置在沥青湖中的，人们看到它正翘着身子挣扎，栩栩如生。

当年的沥青湖，可能仅是几片不深的小湖泊，随着地史的推移，它坑陷着生物，淤积着泥沙，又一度灌进过海水。就在这第四纪堆积上，当 50 年前处在挖龙骨高潮时，被人们凿了 96 个坑洞。今天汉柯克公园的化石地点就是用这些坑洞的编号来命名的。其实，真正有发掘价值的不过约 15 个。现在我们就以位于中心、比较完整的第三坑为例来介绍一下地层吧：

这里方圆不到 23 平方米，上大下小，深处也只 7.9 米。自下而上可分四层，化石几乎全部集中在三层沥青质砂中。在深度 3 米上下的地层里，在不足 20 平方米的层面上，竟能拣到 6000 件以上的标本，简直是琳琅满目，美不胜收了。而 7 米以下化石极少，再向下，钻孔表明，即是粗砂、海相介壳层、沥青粉砂岩和海相小化石层了，骨化石完全绝迹。

近年来，对沥青湖的化石又重新做了些系统研究，表明含骨化石的层位在地史上可能相当威斯康星冰期或稍晚，植物群也显示出气候比现在加利福尼亚州稍凉一些，而季节性的变化可能不像现在明显。对动物门类或坑洞的具体分析，还得出一些有意思的结论，它给沥青湖这个天然陷阱增添了不平凡的光彩，说明昔日这里是虎狼鹰隼不时出没的场所。第三坑中共发掘出 1040 件较完整的大型哺乳动物化石，仅狼和剑齿虎等肉食猛兽就有 815 件，几乎占总数的 80%。第三坑还找到 54 种，562 只鸟化石，鹰、鸮等猛禽又占了 80%。其余诸坑比例大致相同。更有趣的是若把沥青湖中 2100 件剑齿虎头骨按年龄分析，幼年占 16.6%，青壮年占 82.2%，其余为 1.2%。别看它们凶残成性，可碰到这黏糊糊的沥青油，就毫无办法，只有丧命了。

花落了还会开吗

与你共品
yu ni gong pin

　　这里呈现在人们面前的是发生在 15000 年前北美海岸西麓的凶禽猛兽被沥青湖吞食的惨景。从地缝里裂出的沥青涌出地表，流到洼地形成沥青湖，这种黏糊糊的沥青湖有如一个陷阱，到这里来饮水的生物一旦陷入便无力自拔。从小松鼠、隼鹰、野牛、野狼，到大型食肉动物剑齿虎、棕熊无一能够幸免。

　　古代的沥青湖经过上万年已经干涸，古代陷入沥青湖的各种禽兽如今早已变成珍贵的化石，这些化石向人们揭示了古代这里的地层面貌和古生物状况。这篇作品从描述沥青湖的产生开始，用生动形象的语言描绘了生活在沥青湖畔的古生物生存竞争的景象，作者的介绍重点当然在后边——沥青湖的地质构造和地层面貌，古生物化石的发现及其复原。这篇说明文形象生动，层次清晰，有浓郁的生活色彩。

　　描写考古发现乃至地质地层的古生物化石的文章比较多，但是绝大多数都是学者们从专业研究的角度，以科学论文的形式为主，这类文章对于非专业人士来说，读起来是有一定难度的，更无阅读之兴趣而言。而这篇文章则不同，他采用情景再现的手法，把亿万年时空的跨度浓缩在短短的几百字中，语言通俗易懂，读之兴趣盎然，实为同类题材文章中之佳品。

个性独悟
ge xing du wu

　　★本文的开头有什么特点？
　　★本文运用了哪些说明方法？各举一例加以分析，说说运用这种方法有什么作用。

作文链接

zuo wen lian jie

黑洞的歌声 / ··佚 名

　　黑洞一直被认为是星体命运的终点。当星体耗完最后一丝能量的时候，要么被撕裂，然后被别的星球"吞食"；要么浓缩成一个可怕的黑洞，"吞食"经过它的一切物质和能量。

　　黑洞是一种体积极小、质量极大的天体，具有强大的引力。黑洞是看不见的，因为它的引力大得不让光发射出去，还可以让经过的光消失在黑洞里。从前，科学家只能通过测量黑洞周围的环境来确认黑洞，直接测量黑洞认为是不可能的。然而，最近科学家却测到了黑洞的声音。黑洞是个天生的低音"歌手"，声音低得让人无法用耳朵去欣赏，只能用专用的仪器才能"听到"。

　　目前，英国剑桥天文学研究所法比安教授的小组，利用美国宇航局的"钱德拉"X射线太空望远镜，探测到英仙座星系团中央一个超大质量的黑洞发出的声波。这个星系团距地球约2.5亿光年。这个黑洞发出声波的频率，只有人耳能听到的最低声音的千万亿分之一，是迄今在宇宙中探测到的最低沉的声音。

　　法比安表示，他们对特大黑洞能发出声波并不感到意外。虽然黑洞会吞食物质和能量，但它们也不是一毛不拔，以前也探测到它们发出的低频率电磁波。为什么黑洞会发声呢？这是因为黑洞不停地吸收靠近它的物质，黑洞在吸进物质的同时，也会从中心向外产生高速物质流。天文学家们说，正是这些高速物质流导致黑洞发出声波。

　　这个新发现，为破解困扰天文学界多年的一个谜团提供了线索。科学家们曾经发现，不少星系团周围包裹着大量的炽热气体。他们猜测，这些气体应该随着时间的推移，渐渐冷却下来；温度下降后的气体，应该在星系团中央附近形成低压，吸引周边的气体进入星团中央区。在这一过程中，应该可以形成数十亿个星体。然而，事实上并非如此。英仙座星系团中心包含的高温气体，在近百亿年中，温度一直很高而不冷却，这种现象着实让天文学家们百思不得其解。法比安解释说,星系团中的高温气体,可能吸收了声波中的能量,从而使高温得以维持。这一过程涉及的能量之大,令人震惊——相当于 1 亿个星体同时爆炸产生的能量。他们说,如果这一推测属实,将意味着:英仙座星系团中央的这个黑洞所发出的"歌声",可能在长达 2.5 亿年中都没有发生过变化。

【简 评】
jian   ping

　　黑洞,一个神秘莫测的宇宙现象,人们谈到它,往往带着一种对未知世界的恐惧。然而本文作者则向我们披露了一个令人不敢想象的现象——黑洞会发出声波,并对这种现象进行了分析,使我们对黑洞多了一份了解。而本文的标题——"黑洞的歌声",则让我们从那份对未知的恐惧中摆脱出来,进入一种平静、祥和的气氛中,它大大地缩短了我们对黑洞这一未知世界的心理距离。

给黑洞照个相/···佚 名

　　给黑洞照相?玄! 我们知道,要给不发光的物体拍照,必须要给它照明。人体不发光,但白天有太阳光照明,可以任意拍照,而晚上则不行了,没有灯光照明,是无法拍的。当然,晚上也可拍人体的红外线照片,因为人体发射红外线。而黑洞既不发射可见光,也不发射红外线等其他电磁辐射,怎么能给它照相呢?

　　有人说,宇宙中有的是发光的恒星,恒星不就是很好的照明光源吗?且慢。到达黑洞的恒星光被黑洞吞食了,没有反射回来的光线进入照相机镜头,还是照不出相来。

　　有人想到更深一层的原理,比如说光轮效应。有时,在有雾的天气里能看到自己头部的阴影被许多明亮的光环散射，再加上从适当角度射来的太阳光就形成了光轮效应。黑洞周围也会有能散射恒星光的物质,也会在黑洞周围产生光轮效应。而且，到达黑洞周围没有被吞食且被黑洞的强大引力所弯曲的光,也会在黑洞周围形成光晕,拍摄到黑洞光轮和光晕的照片也就间接拍摄到了黑洞的照片,黑洞光轮和光晕的形状就反映了黑洞的形象。但是你可知道,当我们顺着恒星光线的方向拍摄由光轮效应和光线弯曲（即引力透镜效应)形成的黑洞像时,它们会完全被淹没在恒星自身像的强光中,仍然无法得到黑洞形象的照片。

不要气馁。科学家已经找到了给黑洞照明的光源。

你知道黑洞的吸积盘吗?由于黑洞的旋转,它在吞食周围的物质时,这些物质不是直接落向黑洞,而是先围绕黑洞旋转,形成一个物质盘,这就是"吸积盘"。土星等行星的光环也是吸积盘,这些光环是在太阳系形成的初期形成的,是一些裂块的岩石的混合物,它的数量不会再增加。黑洞周围的吸积盘则是由热气体物质组成的,而且不断有新的气体物质补充进来。吸积盘就是一个大漩涡,盘中的物质有进有出。盘中的气体在落向黑洞的过程中,温度不断升高,可以达到几亿度,因而会发出可见光和其他电磁辐射。吸积盘的光正是给黑洞照明的光源,利用这种光源可以给黑洞照相。

黑洞具有强大引力,除了吞食能吞食的光线外,对到达它周围而没有被吞食的光线,也会使它发生弯曲,甚至环绕黑洞旋转,然后逃离黑洞,这样就可以由与照射光垂直的方向进入观测者的视线，使观测者不仅可以看到完整的黑洞的上表面,成为黑洞的主级像,而且也能看到黑洞的下表面,成为黑洞的二级像。由于有的光线可以多次环绕黑洞旋转,因此还有三级像、四级像……让这些光线进入照相机的镜头，就可留下它的影像。在这些影像中央的黑色区域,就是黑洞的放大图像。

【简 评】
jian ping

这是一篇构思精巧的说明文。文章先层层铺垫，说明给黑洞照相不可能,造成悬念;进而笔锋一转,指出"科学家已经找到了给黑洞照相的光源",接着介绍给黑洞照相的方法,至此,悬念得到了破解,读者的好奇心和求知欲也得到了极大的满足。

人

类的隐忧

科 学 卷

假如自然界真的没有灰尘

我们将面临怎样的境地

　　科学是人为的,它才成为我们所担心的一柄"双刃剑"。它给人类带来了繁荣幸福,又给人类带来了新的危险。自然与人为的问题,从根本上来说,是如何认识人类在自然界中位置的问题。

　　科学是最人为的。科学之所以谓为科学,它是那些自然存在事物的新发现与自然中并不存在的新事物的新发明。科学又是最自然的。所有科学发现与发明都是基于自然界的固有规律。科学又应该是自然与人为的统一。科学是人类文明的一部分,而人类的文明依赖于其对自然的了解和与自然的和谐。

快乐阅读
kuai le yue du

水 赋/···佚 名

　　水是一种重要的营养素,被称为六大营养素(脂肪、蛋白质、维生素、无机盐、糖和水)之首。人不可一日无水。一个人不吃饭,生命可维持一周以上,但如果滴水不进,两三天就难活命。普通的人,体内三分之二都是水,一个体重60公斤的人,体内含水量达40公斤。而刚刚出生的婴儿,整个身体的含水量占五分之四。而且人体的每个地方都离不开水,皮肤失水会引起干裂,内脏失水,会引起头昏乏力,体温升高,甚至危及生命。

　　水可以帮助人体进行新陈代谢。人体内的消化系统(包括排泄系统)、呼吸系统、循环系统,以及皮肤、头发甚至指甲等,每天都要消耗大量的水分,而这些失掉的水必须及时给予补偿,主要通过瓜果、蔬菜、饮料等进行补充,因为瓜果蔬菜的含水量一般在98%以上。另外,水还可以调节体温,无论是热天或冷天,人的体温都保持在37℃左右,这就是水的功劳。水还可以保持肌肉的弹性、皮肤的柔软和光滑,甚至可以润滑关节,使你能立坐屈伸,舒展自如。

与你共品
yu ni gong pin

　　本文是一篇介绍水的说明文。

　　作者从水是生命之源谈起,说明了水是万物之源,生命之母,然后说明水对人的生命的意义,着重介绍了水在人体新陈代谢过程中的作用。如人体的消化系统、呼吸系统、循环系统,以及皮肤、头发甚

花落了还会开吗

至指甲等都需要水。同时，作者还介绍了人体对水分吸收的来源和过程。作者列举了大量翔实的数字，通过举例子和作比较等说明方法准确而生动地说明了水对生命的意义。

文章虽然只是节选的两段，但是用最简练的语言，最清楚的层次深入地阐明事理，引起读者的深思，并增长了读者对水在人体生命维系中的作用的了解。

个性独悟
ge xing du wu

★选文主要说明水对人生命的作用，作用分别从哪四个方面加以说明的？这四个方面的内容不能颠倒，因为作者是按照由什么到什么的顺序来安排材料的？

★选文第一段为了说明水对人生命的作用，作者运用了哪些说明方法？

★作者为了清晰地说明事理，很讲究词语的选用。下列句子加点的词能否省去，试作简单的分析。

(1)一个体重60公斤的人，体内含水量达40公斤。

(2)瓜果蔬菜的含水量一般在98%以上。

快乐阅读
kuai le yue du

古地中海 / ···佚 名

今天世界上的最高山脉——喜马拉雅山，在漫长的地质历史时期却是一片汪洋大海，属于古地中海的一部分。

　　古地中海,也称特提斯海。其范围大体上包括现代的比利牛斯山、亚平宁山、阿尔卑斯山、狄那里克阿尔卑斯山、喀尔巴阡山、克里米亚、高加索、小亚细亚、帕米尔、喜马拉雅山、中南半岛及苏门答腊、爪哇等地区。根据目前发现的组成这些山地的岩石特征及其中所含生物化石,可以确定大约一直到3千万年前,这里还是一个巨大的弧形海洋。

　　早在20亿年前,古地中海地区就是一片汪洋大海,夹在南北两个古陆之间,面积很大,在几亿年以来,海洋里出现了极其丰富的生物,如三叶虫、笔石、珊瑚、腕足类、瓣鳃类、有孔虫、海藻和鱼龙等。在这漫长的时期中,古地中海总的趋势是不断下降。在下降过程中,这个海盆地不断接受陆地带来的泥沙及碳酸钙等物质的沉积,生物的遗体也不断埋藏在一层层的沉积中,有的被保存下来,就成为古生物化石。这些沉积层的厚度约1万米~3万余米。

　　古地中海经过以下降沉积为主的发展历史后,在7000万年前的中生代白垩纪后期,地壳开始回升,尤其是距今约3000万年前的早第三纪末期,地壳发生了一次十分强烈的构造运动(喜马拉雅运动)。经过这次运动,古地中海沉积区的海水绝大部分撤退,地壳不断上升,并产生强大的褶皱作用,巨厚的沉积岩层受到了挤压,发生褶曲、断裂的变质,并伴随有岩浆侵入活动,使地壳外壳发生了变化。原来处在海底下二三万米深的沉积岩层,今天已被抬升为海拔几千米高的山地,从而形成了一座座高峻的山脉。

　　当然,地壳上升的速度是不平衡的,有的上升快,有的上升慢,有的地方(如现在的地中海、黑海及里海南部)迄今还未经历转化为山系的过程,因此,保存成为今天的古地中海的残留海了。

与你共品

　　号称世界屋脊的喜马拉雅山,在远古时期却是一片汪洋大海,属于古地中海的一部分。

　　短文通过翔实的化石资料,介绍了古地中海的外观、范围及漫长的演变过程,这一演变过程正是地壳的不断运动的结果。文章结构层次清晰,语言平实精确,说明方法丰富多样。

个性独悟
ge xing du wu

★短文主要说明古地中海的形成与变化过程，按古地中海形成与变化的不同地质年代逐一叙述说明。

★短文介绍的古地中海的地理位置按文中提到的应是什么地方？对古地中海"大"这一地理特征，文中有多处说明，请分别写出。

快乐阅读
kuai le yue du

假如没有灰尘 / ···佚名

灰尘是人人讨厌的东西，它有碍环境卫生，危害人体健康。因此，古往今来，人们总是"时时勤拂拭，勿使染尘埃"。然而你可曾想到，人类的生息离不开灰尘。假如自然界真的没有灰尘，我们将面临怎样的境地呢？

灰尘颗粒的直径一般在万分之一到百万分之一毫米之间。人眼能看到的灰尘，是灰尘的庞然大物，细小的灰尘只有在高倍显微镜下才能看得见。灰尘的主要来源是土壤和岩石。它们经过风化作用后，分裂成细小的颗粒。这些颗粒和其他有机物颗粒一起在空中飘浮。它们在吸收太阳部分光线的同时向四周反射光线，如同无数个点光源。阳光经过灰尘的反射，强度大大削弱，因而变得柔和。假如大气中没有灰尘，强烈的阳光将使人无法睁开眼睛。

有趣的是，尘粒还有个"怪脾气"，容易反射光波较短的紫、蓝、青三色光，而"喜欢"吸收光波较长的其他色光。由于下层大气中的灰尘含量较高，我们在地面上看到的天空才是蔚蓝色的。假如大气中没有灰尘，天空将变成白茫茫的一片。

灰尘大多具有吸湿性能。空气中的水蒸气，必须依附在灰尘上，才能凝结成小水滴。这样，当空气中的水蒸气达到饱和时，分散的水汽便依附着灰尘而形成稳定的水滴,可以在空中长时间地飘浮。假如空中没有灰尘,地面上的万物都将是湿漉漉的。更严重的是,天空不可能有云雾,也不可能形成雨、雪来调节气候,从地面上蒸发到上空的水也就不可能再回到地面上来。假如地球上的水越来越少,最后干涸,生物就不能生存。此外,由于这些小水滴对阳光的折射作用,才会有晚霞朝晖、闲云迷雾、彩虹日晕等气象万千的自然景色。假如空中没有灰尘,大自然将多么单调啊!

灰尘的作用告诉我们,任何事物都有它的两面性,即使是一些被人们看成是"废物"的东西,往往也有其不容忽视的存在价值。只有正确地认识它们,才能趋利避害,造福人类。

与你共品
yǔ nǐ gòng pǐn

这篇文章是以灰尘作为说明对象的。灰尘是我们所熟知的事物,我们一般人都只知道它令人讨厌的一面,但你是否知道没有灰尘人类还没法生存下去呢?本文就是从灰尘对人类的好处来介绍灰尘的,让读者从一个新的角度来认识灰尘。

个性独悟
gè xìng dú wù

★用一句话概括文章说明的内容。
★文章运用的说明方法有哪些?
★简析文章结尾的作用。

快乐阅读
kuai le yue du

城市之肺 / · · · [苏] 索科洛夫

　　世界上的城市逐年增加,新的不断出现,老的不断扩展,与此同时,城市人口也在日益增长。由于越来越多的人集中在城市里,于是出现了许多新问题。最使人头疼的是空气污染,氧气不足,噪音扰乱人们正常的工作和休息。

　　城市(包括按最新科学技术成就设计建设的城市在内)的出现,总是要破坏自然界的生态系统。要使城市之肺保持正常活动,人们必须付出艰巨的劳动——种植大量的树木花草。为此,各个大城市里都开辟有许多街心花园、公园和林荫大道(在巴黎,每个居民平均享有 6 平方米的树林花草;在伦敦,每人平均 7.5 平方米;在纽约,每人平均 8.6 平方米;在莫斯科,每人平均 30 平方米;在苏联的鄂木斯克省,每个城市居民竟平均享有 85 平方米的树木花草)。这些郁郁葱葱的树木,在城市里起着巨大的作用,是城市的"绿色卫士"。人们把它们比作城市之肺,这是十分形象和确切的。因为这些"绿色卫士"不仅能吸收空气中过剩的二氧化碳,调节城市空气,而且能防止灰尘污染——树叶表面上的茸毛阻止灰尘微粒蔓延。在防止灰尘污染方面,最能干的要算是榆树和丁香树了。据科学家调查,榆树是最理想的天然吸尘器,它的吸尘能力是杨树的六倍。

　　科学家研究证明,1 立方米的城市空气中细菌含量是 1 立方米森林空气细菌含量的二百倍!幸运的是,有这些可爱的"绿色卫士"在保护着人们;它们本身还会产生多种消灭细菌的物质。例如,痢疾病菌一旦接触到杨树叶,立刻就会死亡。

　　树林能抗击风沙的侵袭。一条宽 10~12 米、高 15~17 米的林带,就可以在 0.5 千米内使风速减弱一半。分布合理的树林和灌木丛,能大大减弱噪音,有显著的隔音效果。"绿色卫士"还有助于平息火灾,保护土壤和建筑物,使它们免受阳光暴晒和过分发热。在炎热的夏天,小花园或树阴下的气温要比空旷处的气温低 7℃~8℃。医生调查证明,到公园散步或休息过的病人,一般情况下,他们的心肺活动都有明显的好转。每当百花盛开、绿树成荫时,大自然的美景真使人心旷神怡啊!

　　可是,你是否知道树木花草给人们带来了欢乐和健康,它们自己却被污染了的空气侵袭着,未老先衰,进而死亡了。如一棵榆树,它要是生长在森林中,可以活300年,而生长在城市里,它的寿命却只有四五十年。一棵椴树,在森林中能活400年,在城市里只能活50至70年!况且,污染了的空气会使树木的生长速度降低一半。当然,有些树木抗污染的能力是很强的,如加拿大杨树、含香树胶的杨树、小林地区的椴树和槭树等。还有一些灌木抗污的能力也很强,如接骨木、绣线菊和金银花等。所以,在我们绿化城市的时候,应当充分考虑各种树木所具有的特性,使它们在不同的城市中更好地发挥"肺"的功能。

与你共品
yu ni gong pin

　　城市人口的急剧膨胀,导致环境气候越变越恶劣。在维护城市清洁中起重要作用的是那些花草树木,它们是城市之肺。文章用准确的数字,说明了花草树木在清洁城市中是如何发挥作用的。

个性独悟
ge xing du wu

　　★"城市之肺"指的是什么?标题是用的什么表现手法?
　　★第二段中"各大城市里……林阴大道"后面括号中的内容是按什么顺序排列的?第二段运用了哪种说明方法?试举两例。
　　★第三段第一句话运用了什么说明方法?有什么作用?
　　★综观全文,本文是按什么顺序来说明的?

快乐阅读
kuai le yue du

新鲜空气 /···[美] 阿·布奇沃德

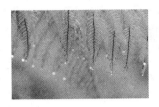

　　烟雾曾经一度是洛杉矶最大的吸引力,而现在则遍及全美国,人们都已习惯于这种被污染了的空气,以致呼吸别的空气反而感到很困难。

　　最近我到各处讲演,我停留的地方,其中之一就是亚利桑那州的费拉洛斯塔夫,那里海拔大约 1000 米。

　　走出机舱的时候,我立即就闻到一种独特的气味。

　　"这是什么味道?"我问了一下接我的人。

　　"我什么也没闻到。"他答道。

　　"有一种很明显的气味,这是我所不能适应的。"我说。

　　"啊,你讲的一定是新鲜空气。许多人从飞机走出来就呼吸到他们从未呼吸过的新鲜空气。"

　　"这会怎么样呢?"我不免有所顾虑地问。

　　"没关系。你刚才呼吸的就像别的空气一样,这对你的肺部会有好处的。"

　　"我也听过这种说法,"我说,"不过,要是这是空气的话,我眼睛为什么不淌水呢?"

　　"对于新鲜空气,眼睛是不淌水的,这就是新鲜空气的优点;你还可以节省许多揩眼泪的优质纸。"

　　我环顾一下周围,各种物体一片清晰明澈,这可是一种奇特的感觉——我反而感到非常不舒服。

　　我的主人意识到这一点,他想使我消除顾虑,说:"请不必担心。反复试验证明你可以日日夜夜呼吸新鲜空气,对你的身体是不会有任何损害的。"

　　"你刚才所讲的,无非是想让我不要离开这里。"我说,"在大城市生活过的人,谁也不能长时间待在有新鲜空气的地方,他忍受不了。"

"好吧,新鲜空气要是烦扰你的话,你为什么不给鼻子搭上一块手帕而用嘴巴呼吸呢?"

"对了,我要试试。不过,如果我早知道要到一个除了新鲜空气便没有别的空气的地方的话,我就应该准备好一个外科手术用的口罩。"

他沉默地开着车。大约15分钟后,他问道:"现在你觉得怎么样?"

"是的,我想对了。现在可以肯定,我不打喷嚏了。"

"这里是不需要打什么喷嚏的。"这位陪同的先生承认说。他又问道:"你原来那地方是不是要打大量的喷嚏?"

"老是要打。有些日子,整天要打。"

"你喜欢打喷嚏吗?"

"打喷嚏并非必要,可是,你要是不打,你就会死亡。——请问,这一带为什么没有空气污染呢?"

"费拉洛斯塔夫人大概吸引不了工业的光临。我猜想我们确实是落在时代的后头了。当印第安人相互使用通信设备的时候,我们费拉洛斯塔夫才开始嗅到仅有的一点儿烟尘;可是风似乎又把它吹跑了。"

新鲜空气实在使我感到头晕目眩。

"这周围没有内燃机汽车?"我问道,"让我呼吸几个小时也好。"

"现在不是时候。不过,我可以帮你去找一部载重汽车。"

我们找到了载重汽车的司机。我暗暗塞给他一张5美元的钞票。于是,他让我把脑袋凑近汽车的排气管半小时,我立即就恢复了充沛的精力,又能够和人家长谈了。

离开费拉洛斯塔夫,再也没有人像我这样高兴的了。我的下一站就是洛杉矶,当我走出飞机的时候,我在充满烟雾的空气中深深地吸了一口气,我的双眼开始出水了,我开始打喷嚏了,我觉得又像一个新的人了。

与你共品
yu ni gong pin

读罢此文,使人有些忍俊不禁、居然有人对新鲜空气有"过敏

花落了还会开吗

症"。但细细品味,却令人深思。作者用幽默的语言,讽刺的手法来表现文章的主旨,告诫人们要保护环境,否则人类将自取灭亡。

个性独悟
ge xing du wu

★阅读本文,"我"下飞机时的"正常"生理反应应该是什么?

★请用一句话概括文中画线句含义。(不超过10个字)

★故事虽然是编的,但其警世的道理却是深刻的,请你简要概括出来。

★结合文章内容,你觉得应如何处理"人"与"环境"之间的关系。(提示:"环境"可以指自然环境,也可以是社会环境。)

快乐阅读
kuai le yue du

填掉滇池 / · · · 林 易

一次小型的环保座谈会上,大家谈到了水,进而不可避免地讲到了滇池。一位坐在我身边,某高等学府水问题的博士研究生发言了。她说,既然现在的滇池已经又脏又臭了,干脆就把它填了算啦。

此言一出,在座众人顿时语塞。

并不是这位博士生的妙语惊人,而是她的想法,无知和愚蠢的程度,与她的身份实在太不相配了。一位专业就是研究水问题的博士生,一位即将在不久后,在这个领域中成为专业人员甚至是专家的人,尤其是,年纪轻轻的这样一位女孩子,居然能设计出如此大手笔。她真的以为,愚公精神到了现代,还只是简单地移山填海改造自然吗?

一个滇池,并不等于是一大盆 H_2O。她是有生命的,她是有贡献的。调节气候、涵养水源、补充地下水、观光旅游以及为众多野生动物提供安身立命的家园。所有这些伟大的供养,对人类何其丰厚!滇池脏了,天然功能没有了,我们就应该正本清源,还她原本迷人的姿色。难以想象的是,一位风姿绰约的少女,身上才刚沾了些污垢,"妇联"的人就急于将她活埋,这何其残忍和荒谬!

搞科学研究的人,就能将生命和生命系统,简单机械地分解成僵死的分子式吗?科学研究可以是枯燥的,但是它的服务对象却都是活生生的。如果科学不能保留天然的美,只是制造毁灭的话,人类是不是都无形中成了东郭先生呢?

不久前,我认识了一个中学生。他从很小的时候就喜欢蛇。为了能亲近蛇,他就经常到野外抓蛇来养。我和他探讨这个问题的时候告诉他,如果你爱一个生命的话,应该是让他幸福,而不是把他囚禁起来。他回答我说,我不是简单地养着玩儿,我是要做研究。我问他做什么研究,他说,现在有那么多餐馆都卖蛇,我就是要研究怎么人工饲养蛇,好让更多的人能吃上蛇。

看着眼前这位十几岁的小朋友,我真的感到无话可说。我和他平等地探讨,在他看来更接近一场针尖与麦芒之间的论战。所以,他总是低着头,下意识地夹紧双肩,快速但含糊地讲话,通体上下喷射出一股亢奋和偏执。在这样年龄的孩子眼里,科学研究是至高无上的,所以,他认定自己的努力光荣又伟大。然而,面对我这样一个大他许多岁数的人,我越是显得温和而平等地开导他,他就越发感到一股年龄差异带给他的压力。因此,纵使他认定了自己的正确,还是要以激动的情绪来对抗。我想,如果他到了我这样的年龄,十几年的积累,加上"科学至上"的强大后盾,一定会造就他饱满的优越感。即使仍然面对大他十几乃至几十岁的人物,他也会显得从容而随意,然而这里面的根基,却全是傲慢。恐怕不会有什么人是天生就傲慢的。一个人,总是认定了自己加入或是掌握了一项了不起的事物的时候,他认定这事物的伟大或力量,自己也因之接近了一种伟大或力量。优越感并非全是坏的。一个人的超脱,正是需要一种高级的优越感,只是,这种优越感来自对自己现有生活富足的认定。如果通过掌握一种强大力量来培养自己的优越感,这种优越感就很可能接近危险了。

纯粹的科学家有一种神圣感,这种神圣感是一种绝对化了的优越。基于自己的优越和本职的绝对正确,他们完全无视自己是在参与着杀戮。

科学,如果不是关爱生命、关爱世界的,它就是对世界和生命的一种反动;科学家,如果不关注自己的研究结果是否合理,而仅仅关心研究本身的进展如何,那么，他和那些只管扣动扳机而不问倒下的是谁的军人机器有什么区别呢？

一个孩子爱蛇养蛇，原本不必大惊小怪，更不必做一大篇联想。但是，让我感到不安的并不是他养蛇，而是他一面口口声声地说着他爱，另一面又将他的这种"爱"准备烹饪了，盛进盘子与众人分享。我在此，当然无意鼓动众人干脆就此素食算了。我只是不安，是真的不安。一个孩子，爱一种动物，他真的舍得自己宠养的动物，被别人吃掉吗？我觉得如果是孩子的话，他原本是不舍得的，但是，为什么这个过程被注入了科学研究的意义，孩子就欣然接受了，甚至是热烈地投身其中呢？科学，在我们的世界里，为什么就可以畅通无阻，如此顺理成章地击败人心底天然的善良和爱，更进一步地培养了人的强大优越感呢？

我记得初中上生物课的时候，有一节内容是解剖兔子。被放在解剖台上的兔子，都是我们每天放学后到各处菜市场收集菜叶喂大的。到了假期，这些小兔子还要被分配到同学们家里去照顾。所有这些基于喜爱小动物才甘愿付出的努力啊，就是为了解剖课上冰冷的一刀吗？当我们亲手养大的小兔子，被麻醉了放在我们面前，谁都不敢对此提出任何异议，因为那样就意味着首先被老师批评，进而被同学耻笑。在我们一贯的教育里，只有对胆小的斥责，没有对善良的保护。不人道的血淋淋的场景被认为可以用来培养孩子的勇敢。但是，就在孩子们用手术刀打开兔子的胸腔，查看里面内容的时候，他们心里天然的善良也被一点点地掏了出来，所填充的，就是科学至高无上的观念。所以，当一个孩子从最初朴素的爱蛇养蛇开始，想进而更有成就，当一个专业研究人员的头脑中，出现的仅是一池污水的时候，他们的所作所想，就从逻辑上被赋予了合理而又神圣不可侵犯的意义。

一个小学生写的生物实验报告中讲道，她们的老师带着她们完成了一项课题，她们将自己亲手养育的蚕宝宝打开了，从里面把它们分泌蜕皮激素的器官切除了，这样，只能分泌保幼激素的蚕，就真的长期成了宝宝。它们长到了通常蚕的几倍大，还没有作茧自缚。于是，这项新颖而又富创意的实验在市里获了相关奖项。孩子们当然是欢欣鼓舞。在这里，我终于看到了一个孩子如何从胆小成长为勇敢，又如何在不知不觉中失去了善良。

因为科学带给了人们利益，所以在利益的诱惑或胁迫下，善良就退化成了一种"不成熟"的品质。如果胆敢有人再以善良为"借口"反思科学的话，一种权威的声音就会大声地训斥道："反科学！反社会！"然而，该不该还有一种声音站出来说："莫要做反人性的事。"

与你共品
yu ni gong pin

核武器、化学武器还有生物武器这些都是世界上最优秀的科学家的研究成果。这一切为我们人类带来的是什么呢?若科学的发展是将整个人类推向死亡,那些致力于此的科学家们难道不是人类的罪人吗?当一项被冠之以科学的称号的事业进行研究时,难道我们不应该知晓它对人类意味着什么吗? 科学必须以为人类的进步和发展作为前提条件,而使人类丧失本性的倒退,这是不能称之为科学的。

个性独悟
ge xing du wu

★为什么说这位博士研究生"填掉滇池"的看法无知而又愚蠢?

★你同意"愚公精神到了现代,还只是简单地移山填海改造自然"的说法吗?

★理解文中所提的"东郭先生"的含义。

★你怎样看作者提及的两项实验?

快乐阅读
kuai le yue du

大自然的报复 / ··· 李希光

"咸海的悲剧是大自然对人类失去理性、破坏生态的愤怒报复。"苏联著名地理学家加米勒夫院士说。

早在公元10世纪,生活在哈萨克草原和阿姆河与锡尔河畔的农业及游牧部落,就开始在广阔而丰饶的两河流域拦河筑坝,咸海出现了水位下降。公元13世纪,成吉思汗率领的大军西征花剌子模,拦河断河,结果不仅减少了注入咸海的河水流量,也破坏了当地的农田。但是科学考察表明,咸海真正出现明显的干枯却是近几十年的事。

考察队的大部分专家,把咸海危机归咎于20世纪60年代苏联在中亚进行的那场大规模的开荒造田运动。成千上万的移民来到阿姆河和锡尔河畔,开垦和灌溉660万公顷的水田和棉田,由此大量本该注入咸海的河水被截流。前几年,阿姆河水甚至滴水没进咸海。就是在今天,阿姆河水的三分之一仍用在灌溉。注入咸海的河流变浅了,海水也越来越少,由此而来的生态问题也越来越严重:

——咸海地区每年要发生几十起沙暴,把约一亿吨的海底咸沙从沙床上刮起,从此向南吹向广阔的中亚草原,覆盖了阿姆河河谷丰腴的农田。中亚农田的盐碱化加剧,土库曼斯坦80%的耕地出现高度盐碱化,中亚农业,特别是前乌兹别克加盟共和国的农业减产了30%;

——咸海地区人们的生存条件和卫生条件变得恶劣。可以养活6000万人口的阿姆河和锡尔河正面临严重的污染问题,大量的灌溉废水不仅重新流入阿姆河,也污染了地下水,使饮用水受到了咸沙和农药的双重污染,千百年来孕育了中亚文化的摇篮——阿姆河和锡尔河正成为严重损害当地人民健康的害河。今天,越来越多的人患了肺结核、癌症,越来越多的新生婴儿是畸形儿。1989年的普查表明,咸海地区30%的人口患有各种各样由于环境恶化造成的疾病;

——漫天蔽日的咸沙使咸海周围的植被和野生动物越来越稀少。迄今有500万顷的森林资源已经死亡。20世纪60年代以前咸海有鱼类600多种,今天只剩下70余种了。

与你共品
yu ni gong pin

人类21世纪遇到的难题之一就是环境保护和生态平衡问题。《大自然的报复》一文通过触目惊心的例子,更进一步地说明保护环境和保障生态平衡对消除自然灾害,保护人们赖以生存的地球起到至关重要的作用。

个性独悟
ge xing du wu

★标题如果改为《咸海悲剧》好不好？为什么？

★选文用得最多的说明方法是什么？

★第四、五、六段，作者多次使用什么说明方法来大段铺排，分别从三个不同的方面具体地说明什么问题越来越严重？

作文链接
zuo wen lian jie

月光消逝了 / ··· 赵金华

9月26日清晨5时，研究员奇像往常一样来到宇宙研究中心，开始了一天的工作。在故乡，这一天是中秋节——中国传统的佳节，奇看到家人寄来的一盒月饼，不由得思念起自己的亲人。

"不好了！不好了！"奇的助手辉急急忙忙地跑过来，手上拿着一份文件，脸上流露出焦急的神情。"怎么了？"奇从沉思中抬起头，望着这位年轻的助手。"你看看就知道了。"辉说着把那份文件递给了奇，然后抓起桌上的一杯水，一口气喝光了。奇打开文件，只见上面写着：

> 在天丽星系的8号区域，观测到一颗流浪行星，命名为M—26，体积为地球的1/4。正以极快的速度向地球飞来，13小时后将进入太阳系，17小时后将撞击地球。其后果不堪设想，请迅速设法援救地球。
>
> ——联合宇宙研究中心天文观测组

奇放下这份文件，眉头紧锁，一旁的辉急忙凑过来问："您说他们会怎么应付呢？"这时广播响起了："请各研究员到会议室召开紧急会议。"奇是天体分析组组长,当然得去,便对辉说:"去了不就知道了吗?"这时,奇的上司成走了过来,和他一同走向会议室。"要是你,你会怎么处理?"成问。奇摇了摇头说:"不知道。"奇想,那颗星球上如果没有生命,可以用火箭载着核弹头,将它炸掉;或用火箭推动它,使其偏离飞行路线,进入太阳系轨道。但第一种方法缺乏条件;第二种方法耗费能量太多。

会议室人都到齐了,会长韦斯特先生开始讲话:"相信大家已收到了那份文件。现在还有 16 小时零 30 分,情况紧急。大家各抒己见,说说如何援救地球吧。"只见会场上人人表情沉重,大家时而低头耳语,时而大声争辩,时而又摇头否定。这时天体运行组的组长约翰说:"据我推算,行星 M-26 到地月系时,月球正好在它附近 2000 米处。我想,我们可以用火箭把月球向前推动 2000 米,使其与行星相撞。"奇马上站起来说:"我反对,这种做法不人道。"约翰也据理力争:"这哪里不人道?月球上并没有生物,也不适合人类居住。"奇激动地说:"但它赐给我们月光呀,没有了月光,夜晚将是一片漆黑,人类的生存环境不是受到了损害?再说宇宙赐予我们的东西,我们毁灭得还不够吗?就地球来说,现在已有 30%的水受到污染,四分之一的土地沙漠化,森林覆盖率已不到十分之一。今天我们还要来毁灭月球吗?"会场一片肃静,约翰无言以对。良久,他抬起头环视了一下四周,说:"各位,难道你们准备等着地球被毁吗?还有什么方法比这更科学更能保护我们的利益呢?它省去了造那么多核弹的资金,也节约了推动那个大行星的能源。""可是……"会长制止住了这场争论,提议举手表决。结果赞成的有 90%,只有奇和成不赞成。奇还想站起来劝阻,成却无奈地用手把他按在了椅子上。

散会了,奇仍闷闷不乐。他知道,就在今晚,月亮会消逝,就要与人类永别了。到了晚上,他躺在草地上,绝望地欣赏着苍穹中那一轮满月。今天是中秋节,月亮又圆又大,她微笑着把自己所有的美丽毫无保留地奉献给了人类,而人类却为了私利要让它消失。人类啊,你为什么这么残酷!"但愿人长久,千里共婵娟。"奇默默吟诵着,心中充满忧伤。

22 时 30 分,奇看到了他最不想看到的。那颗流浪行星快速向月球飞去,月光慢慢被遮住了,接着"轰"的一声,它们相撞了。无数流星陨落下来,如飞花,如碎玉,如散珠。这是一场真正的流星雨,灿烂无比!凄美无比!银盘似的月亮消逝了,地球陷入了从未有过的黑暗之中。那圣洁的慈爱的温柔的月光永远地离开了,消逝了。

地球上的无数生命都看到了那毁灭的一瞬间,都听到了那令人心碎的爆裂声。他们为月球——这与地球患难与共的人类永远的朋友,哀悼、哭泣!

奇也哭了,他挽救不了月球。谁又能说为了保住月球,而让行星毁掉地球和人类呢?这很矛盾。人类欠月球,欠地球,欠宇宙的太多太多了,甚至已无法偿还。

月光消逝了,在中秋之夜!

明月几时有?把酒问青天!

【简 评】 jian ping

文章旨在唤醒人类对环境的保护。作者没有直接写人类如何破坏地球,破坏宇宙,而是另辟蹊径,通过科幻的形式表达出来,可见文章构思之巧妙。地球环境的恶化自不必说,人类在探索宇宙奥秘,开发利用太空的同时,却把太多的太空垃圾留在了茫茫宇宙。或许真有那么一天,人类将不得不面临这些太空垃圾对地球构成的威胁;或许真有那么一天,人类不得不品尝破坏环境而带来的无法想象的灾难。这,绝不是危言耸听。

最后一个地球人的日记 / · · · 李毅睿

3392 年 11 月 6 日

我久久地凝望着窗外,带着一缕悲伤离开了生活近 50 年的 A 星,回到我的故土——地球。

在记忆补偿器的帮助下,我很快找到了儿时的乐土,那栋爷爷留下的美丽的大房子。以前全家人在一起生活的幸福回忆又一次在眼前浮现:全家人一起在花园里玩耍、嬉戏;一起去看喜剧电影,笑得前仰后合;我躺在妈妈温暖的怀里,听爷爷讲那永远讲不完的故事。一点儿涩涩的东西滑落在我的嘴里。这儿的一切都没有改变,但只剩我一人,静静地,站在这里……

3392 年 11 月 7 日

早上,是阳光叫醒了我,吃完东西后,我习惯性地走上阳台,往前望去,没有看见 A 星上那茂密的绿色植物，而是看见堆得像小山一样的太空垃圾，我这才反应过来，自己现在是在地球上。自从 32 世纪初，地球上连续发生过好几次世界生化大战，致使人类全部死亡，唯一的幸存者，就是生活在全宇宙最大的疗养院里的，像我这样，垂垂老矣的人。

今天，天空阴沉沉的，充满了压抑感。我来到一块空地上，凝望着倾斜的太阳。现在也只有那光辉能给地球带来一点儿美丽的色彩，现在的 A 星，太阳一定很美吧！因为有蓝蓝的天空映衬，还有各种各样的小鸟作点缀。爷爷是个考古学家，他曾经对我说过，地球上原本也有许多动物，开始动物和人类的关系很融洽，但是到了后来，人类的文明迅速发展起来，高度的文明并没有使人们更加善待这些朋友，反而在利益的驱使下，大量地猎杀动物，使得动物迅速灭绝，25 世纪时，地球上最后一只动物永远地消失了。在人类的发展史上，曾出现过多次的世界性大战，人们总是"不懈"地在杀伤力更强、技术性更高、更先进武器的领域里研究探索，搅得人心惶惶不得终日。

不可否认，人类确实有过许多辉煌的事迹，重大的发现，伟大的发明，高雅的文学艺术，优美的形体艺术……这些都是不可磨灭的功绩。但是，"如果人们还不能控制自己的贪欲，最终会被自己创造的文明给毁灭掉啊！"我回味着爷爷的这番话，心情激动不已。

这时太阳已落在了地平线上，今天的夕阳尤其美丽，金黄色的光辉暖暖地笼罩着我，特别舒服。人类的生命还能维持多久，我不得而知。我的视线开始模糊，好像看见了一片绿草地，上面站着爷爷，他背着手，向我微笑着，微笑着……

后记：《大宇宙时报》："昨日，全宇宙最后一个地球人在地球上死亡。"

【简评】jian ping

文章运用科幻的形式，通过"最后一个地球人的日记"，为我们找到了人类可能最终走向灭亡的根源：如果人们还不能控制自己的贪欲，最终会被自己创造的文明给毁灭。是啊，如果人类仍继续肆虐地不合理开发和利用自然资源，破坏环境，进行无休止的战争，人类曾经创造的"辉煌"还能"辉煌"太久吗？

信息新世界

科学卷

它就像一个看不见的哨兵

日夜为人们站岗

　　对于今天那些年轻人来说，手机几乎已经成为他们日常生活中必不可少的一部分，而高科技手机往往更是他们炫耀的资本。也许有一天你会惊异地发现，自己的女朋友跟着隔壁的那个满脸雀斑的臭小子跑掉了。先不忙气得吐血，仔细找找原因，原来不是你长得没有人家帅，而是你按手机的样子没有人家"酷"——人家可是用大拇指按的哟！哥儿们，加油练吧，总有一天你也会在人前露一"指"的！

快乐阅读
kuai le yue du

数字技术造就"拇指一代"/···阿　海

在英语里,如果有人形容你"像大拇指(like a thumb)",可别以为是在夸你,其实是在说你笨手笨脚,处处碍事的意思。不过,随着 E 时代的发展,这条俚语得改改了。因为研究表明,大拇指不一定就是人手指中最笨拙的一个。

研究者在世界九大城市进行了这项调查,研究对象都是些 25 岁以下的年轻人。结果是,由于长期使用手机、掌上游戏机以及电脑,人体的功能正在悄悄发生某些变化,大拇指已经渐渐摆脱了"傻老大"的形象,相反还成为肌肉最发达、动作最灵活的手指。

这一变化并不是偶然的。如果想一想现在大拇指所担负的重任,就不足为奇了。当你试图用手机拨一个电话,你使用的是大拇指;你用手机给朋友发一条短信息,使用的也是大拇指;玩电子游戏时,使用最多的还是大拇指;用电脑打字时,每敲一个字,都要键入一个空格键,而这时你使用的更是大拇指。于是根据"用进废退"的原理,大拇指就自然而然地成了最灵活的手指!

沃威克大学控制论文化研究小组的发起人萨迪·普朗特博士曾经写过三本书,都是描写科技给人类社会带来的冲击。在她看来,如今的年轻人擅用拇指无疑是科技改变人类的又一例证。她饶有兴趣地说道:"某项技术和技术的用户之间的关系,是相辅相成的,它们相互改变着对方。现在的年轻人大拇指如此灵活,是因为他们使用大拇指的方式已经与我们那一代人大不相同了。"

普朗特博士花了整整六个月的时间,收集世界六大城市的手机用户打手机时,手指使用的数据。这六大城市包括世界上最大的城市,如伦敦、北京、芝加哥以及东京等。结果发现,大多数年轻人能使用他们的两个拇指非常灵活地操作手机键盘,他们的大拇指也由此变得越来越强壮和灵活了。那些 25 岁以

花落了还会开吗

下的年轻人,甚至自豪地称自己为"拇指一代",或者"拇指一族"。"拇指一族"们将传统上一直由其他手指担任的功能,如指东西或者按门铃之类的活儿,也改由大拇指包办了。

对于今天那些年轻人来说,手机几乎已经成为他们日常生活中必不可少的一部分,而高科技手机往往更是他们炫耀的资本。也许有一天你会惊异地发现,自己的女朋友跟着隔壁的那个满脸雀斑的臭小子跑掉了。先不忙气得吐血,仔细找找原因,原来不是你长得没有人家帅,而是你按手机的样子没有人家"酷"——人家可是用大拇指按的哟!哥儿们,加油练吧,总有一天你也会在人前露一"指"的!

与你共品
yu ni gong pin

年轻人,当你突然有一天发现在手机键盘上操作的大拇指越来越强壮和灵活时,你可以自豪地称自己已成为"拇指一代"了。这就是数字技术给我们的生活带来的惊喜。

个性独悟
ge xing du wu

★"拇指一代"指的是什么?"拇指一代"的产生说明什么现状?

★第三段中说"这一变化并不是偶然的"这一句话中"这"指的是什么?

★解说"用进废退"在这里的含义。

★在你的生活中,请举日常例子来说明科技给人类社会带来的冲击。

科学的眼睛——传感器/···佚 名

从遥远的古代开始,人类就进行着拓展延伸感官功能的探索,企盼更真切地观察世界,洞察自然的奥秘。望远镜的发明,使人看见了肉眼无法辨识的众多星体;显微镜的问世,使人走进了微观世界的大门。1603年,伽利略发明了利用热膨胀现象测量温度的仪器。从此,科学仪器宣告诞生。到了20世纪,借助电子学的成就,人们找到了一条新的探索世界的途径。传感器就是这种承担着特殊使命的工具之一。它的英文名字叫sensor,意思是"有感觉的器件"。它可以把人们无法看清或说清的东西变换成我们的感官能够认识的电信号或光信号。随着科技的发展,传感器的本领越来越大,灵敏度也越来越高,人们亲切地称它为"科学的眼睛"。

一、上天·入地·下海

著名的海湾战争中,计算机的作用被反复强调,其实,传感器也功不可没。多国部队的预警飞机和军事卫星上装备有许许多多传感器,时刻监视着地面动态。一旦伊拉克的飞毛腿导弹起飞,红外传感器就能探测到火箭尾喷的信号,并跟踪测量算出弹道,通过无线电信号操纵地面火力进行空中拦截。在轰炸地面目标时,投放的炸弹上的传感器能自动跟踪从飞机射向地面的激光束,使炸弹自动调整运动姿态,命中目标。

振动传感器的问世,不仅推动了地震科学的发展,还创建了一门新学科——地震勘探。人们依靠它探测地震波反射与折射的信息,来了解地下深层的构造,那里有没有矿藏?能不能建设大型水利工程?……在能源日益紧张的今天,许多人还利用它来寻找新的石油天然气资源。

"泰坦尼克号"在世界上消失了73年之后,人们终于在大洋深处4000米的地方找到了它。当时就大量使用了金属探测传感器、光电传感器和超声波传感器。很难想象,如果没有传感器的帮助,这艘世纪巨轮还要在海底沉睡多久。

二、看不见的哨兵

几乎在每一幢现代化建筑里都能找到一种探测烟雾的火灾报警器。它的

花落了还会开吗

核心部件是一只传感器。传感器里有一小片放射性物质镅,它不断释放 α 射线使空气电离产生电流。发生火灾时,大量烟雾随着热气流很快进入装置于天花板上的火灾报警器中,引起电流减少,传感器探测到这一变化,会立即发出报警信号,使人们及早发现险情,减少生命及财产损失。

在全世界的许多座煤矿中都使用着可燃气体传感器。它时刻监测着矿井里甲烷等气体的浓度,以便预防瓦斯爆炸,确保工人作业安全。

在许多水库大坝里还埋藏着众多传感器。它们忠实地监视着坝体的状态,一旦大坝发生渗漏造成损坏,传感器会及时报警并自动采取措施消除故障。它就像一个看不见的哨兵,日夜为人们站岗。

三、婴儿的守护神

婴儿出生前,安稳地生活在妈妈的肚子里,过着天堂般的生活,那里没有噪声,没有污染,不必为自己的吃喝劳神,不需要用肺呼吸。妈妈为婴儿的生命提供了所需要的一切。随着婴儿呱呱坠地,一个新的生命历程开始。可有些宝宝身体的器官和功能无法迅速适应突如其来的变化。为了防止意外发生,人们发明出一种奇妙的呼吸传感器来帮助大人看护婴儿。它是一张只有手掌般大的薄薄的软垫,可以放在婴儿床的褥子上来感受婴儿呼吸过程中微小的身体运动,并把这种运动变成电信号。一旦婴儿出现呼吸障碍或突发呼吸中断,传感器会使一个小监护仪发出急促的报警声,通知医生前来抢救。如果婴儿的家远离医院,这种传感器还会自动拨打电话(住址预先贮存在电话里)向急救中心呼救。

今天,信息的获取、传输和处理就好像一个人的感觉器官、神经系统和大脑一样,三者完美地结合才能体现强大的力量。作为获取信息的传感器,将随着科技的进步而给我们带来更多惊喜。

 与你共品
yu ni gong pin

　　文章以独立成篇的三部分介绍了传感器在不同领域的发展、使用以及工作原理,让读者对这一高科技产品能有一个较为全面的了解。文章语言通俗易懂,写作手法多样,让人在兴趣之中学到了知识。

个性独悟
ge xing du wu

快乐阅读
kuai le yue du

自动化、计算机和机器人 / ···融 得

今天，一个信息化和自动化的技术浪潮正在席卷全世界。有人把这场新的技术革命叫作3C革命(3C就是计算机、通信和控制的英文缩写)，简称为信息革命，也有人称为3A革命(3A就是工厂自动化、办公室自动化和家庭自动化的英文缩写)，简称为自动化革命。

什么是自动化?正像一切科学概念一样，自动化这个概念随着技术的发展已经发生了深刻的变化。20世纪50年代的自动化是跟制造业的加工自动化紧密联系在一起的，它是机械化、电气化和调节控制相结合的产物。而今天的自动化，包括生产自动化和管理自动化两个方面。它是计算技术、通信技术和控制技术相结合的产物。它利用仪器仪表、通信设备和计算机等对信息进行测量、传输、处理、决策和控制。今天的自动化不仅应用于工业系统，而且也应用于社会经济等非工程系统;不仅延伸和扩展了人的体力，而且延伸和扩展了人的智能。它对于提高产品质量,节约能源,保护环境,降低原材料消耗,保证安全生产,具有经济效益和社会效益。

今天的自动化是跟计算机紧密联系在一起的。从1946年第一台电子管计算机诞生,计算机已经历了四代,发展成为大规模集成电路计算机,性能提高了一百倍,成本下降为开初的万分之一,1953年全世界仅有计算机50台,1983年有45万台,也就是30年的时间,增加了9000倍。1971年第一台微型计算机问世,1983年已经生产了300万台,并以每年30%的速率在增长。目前全世界在运转的计算机55%用于管理信息自动化,30%用于生产过程自动化。

今天的自动化,正朝着智能自动化的方向发展。作为智能自动化代表的机器人是现代计算机技术和自动化技术巧妙结合的产物。机器人是装有电脑(计算机),具有"五官"(敏感器),可以改变程序的自动操作机器。它通过不同的程序运行,从事多种多样的劳动。不仅能代替人的体力劳动,而且可以代替部分脑力劳动。今天的机器人还处于"青年时期",它们的智能还只能从事比较低和笨拙的劳动,更高级的智能机器人正在研制之中。十年前,全世界只有机器人2500个,现在已有32000个机器人在运行。到了1990年,全世界的机器人总数已超过30万个,是1983年的10倍。

与你共品
yu ni gong pin

今天的自动化,包括了生产自动化和管理自动化两方面,它是跟计算机紧密联系在一起的,它正朝着智能自动化的方向发展。

个性独悟
ge xing du wu

★今天的自动化的技术特征是什么?
★为什么机器人能"作为智能自动化代表"?

★《从甲骨文到缩微图书》通过书籍演变的历史,说明了科学技术的不断进步,推动了书籍的发展变化。本文虽然也说了科学技术的发展进步,但目的不在说明引起的变化,而在说明什么?
　　★标题中的"自动化""计算机""机器人"位置可以互换吗?为什么?

快乐阅读
kuai le yue du

异彩纷呈的多媒体世界 / ···胡连荣

　　当代高新科技的飞速发展使很多古老神话变成了现实,从"顺风耳"到电报、电话、微波通信;从"千里眼"到电影、电视、虚拟现实,各种信息正伴随感官享受走进我们的生活。当今的人类已从"秀才不出门便知天下事"发展到了不出门观天下,乃至入海底、探宇宙,科技的发展使我们的感官神经得到了无限延长。
　　层出不穷的科技新花不断展现在人们惊异的目光里,然而,更令人惊诧不已的是集这些科学技术于一身的多媒体的出现。媒体这一外来语出自英语的"media"一词,音译与意译如此完美的结合堪称翻译家的妙笔,而多媒体这一20世纪90年代初的新概念其实也并不神秘。我们日常生活离不开信息,而媒体正是帮助我们表达、存储或传递信息的手段、方式,比如报纸杂志上的文字、广播电视上的声音、图像等均属此例。从原始语言、活字印刷到当代的音像技术是媒体发展所经历的三个阶段,其间媒体单一的传递、存储功能越来越多地融入了舒适性及欣赏成分,人们对这方面的追求推动了媒体的不断更新换代,以至于普通家庭有限的居住面积很难承受越来越多的家电设备的涌入。于是,与多功能组合家具一样,家用电器也开始走上了集成化发展的道路,将电视机、录像机、音响、电话以及已经进入家庭生活的微机、传真机等融于一身的多媒体,在这种情况下应运而生了。
　　多媒体的核心部分是计算机,计算机的高速运算全凭以开关电路的通断来表示的二进制语言,电视、电话等单一媒体在纳入计算机的统一领导之前,首先要把它们各自的文字、声音、图像都转化成计算机世界通用的二进制语言,用这种数字化方式把文字、声音、图像综合在一起处理,具体执行这一过程的就是多媒体。近年来数字技术的发展为多媒体的诞生铺平了道路。

多媒体最吸引人的一项功能是收看电影、电视。普通的电视,图像水平分辨率为 600~800 线。而目前大部分微机所配备的显示屏都具有水平解像度高达 1024 线的超高分辨率,展示的画面更为清晰、细腻,而且同样具有手动自动选台、自动搜索频道等功能,用起来得心应手,比普通电视机更胜一筹。不过最初的多媒体收看电视还离不开专用的视卡,其他功能也都借助于声卡、传真卡等方式,而将来借助 CATV(有线电视)的交互式电视则赋予了多媒体更为神奇的功能,由它播出的节目可以任由观众按自己意愿去安排情节发展、故事的结局,观众通过终端操作部分,把要求传送给电视中心,由中心从备存的多种节目、同一节目的不同情节、结局中自动检索出观众要求的部分,再由 CATV 网传送到观众的多媒体屏幕上。

家庭购物是多媒体更具有魅力的一项应用。用户可以坐在家里,把某商场存货资料调到屏幕上,供自己逐一挑选,具体规格、样式同样可以通过交互系统向售货员查询。以选购服装为例,用户可以从图像上初步选好样式,然后输入自己的身材数据,接下来更为神奇的是多媒体的计算机图像合成系统还可以把你的形象与选中的服装巧妙地合成起来,有如一面试衣镜,经不同角度评头品足之后,让你做出购买决定,然后输入你在银行账户上的密码,购物过程即告完成,随后,商场便很快为您送货上门。

多媒体的电视会议、学术报告则帮助人们免除出差的车马劳顿,与会者可以原地不动地守着家中的多媒体,与住在各地的代表共聚一"堂",既闻其声又见其人,大大提高了开会效率。按同一原理,医生通过多媒体还可以远距离为患者看病,患者在家中把病历输入终端机,远方的医生便借助交互电视对你察言观色、问诊开方。汽车学校引入多媒体以后,学员足不出户,甚至无须登车就可以接受驾驶训练,装有虚拟现实技术的多媒体利用特写镜头和计算机画面系统把视像与音响结合起来,给人以真实的变速、颠簸感,面对模拟路面上的会车瞬间一旦处理不及时,逼真的撞车效果会吓出你一身汗。这种功能被更多地应用在游乐场的游艺活动中,为喜欢冒险者提供强烈的感官刺激。

至于时事新闻、历史资料、商业行情、天气预报等则是多媒体所具备的基本功能,用户可以根据需要随时得到有关音像信息、文字资料。总之,多媒体所占的咫尺空间为您换来的却是外部社会这一博大的世界,正所谓:一机在手无所不能。

但是,多媒体承载如此浩繁的信息量往往比传统媒体多出千万倍,现在通信网所用的铜质线路、同轴电缆等愈发显得不堪重负,不过,目前以光纤通信技术为代表的信息高速公路的兴起,将有效解决这些难题,它以千百倍于金属线路的承载量为多媒体的发展提供了有利条件,使多媒体的应用更快地得到普及,加速多媒体时代的到来。

与你共品
yu ni gong pin

多媒体已经在我们生活中普遍应用了,成为我们生活中的基本工具。文章首先介绍了多媒体的产生及结构,接着向我们介绍多媒体在各个方面的具体应用,作者更多的是介绍多媒体世界的美好前景。

作者在介绍多媒体应用范围时,并没有面面俱到,而是选取了几个最能引起人们关注的点,重点进行描述,行文方式上着重于对多媒体应用前景的展望,让读者更好发挥各自的想象力,自己去体会未来世界的多媒体,这正是本文的独到之处,读者阅读时可以细细品味。

个性独悟
ge xing du wu

★读了文章的前几段后,请你试给多媒体下个定义。

★说明多媒体的影视收看功能时,采用的说明方法是什么?

★在第四自然段中加点的"大部分"一词能否去掉?为什么?

快乐阅读
kuai le yue du

信息高速公路／···佚　名

　　"信息高速公路"是一种电子信息网络。它能把某个区域乃至整个世界连成一体,使"公路"上的任何一个人都能享用信息资源。

　　铺成信息高速公路的材料,不是钢筋混凝土和沥青,而是光导纤维。一条典型的光导纤维,直径不足13毫米,其中却包容着32根用塑胶皮包裹的玻璃纤维。

　　信息高速公路以光导纤维为媒介、激光脉冲束为数据载体来传输信息。光导纤维柔软而坚韧,传导能力特别强。经过处理的文字、声音、图像等信息,变成强弱不同的光信号,通过光导纤维传输到远方。信息高速公路每秒钟可以传输30亿比特的信息——相当于在1秒钟内传输整套《大不列颠百科全书》,而且,在传递过程中,几乎不会出现信息的失真。

　　信息高速公路是以交互方式来传递信息的。用户既是信息的接收者,又是信息的提供者。信息高速公路的"入网"十分便捷。用户只要把电脑的专用接口卡接到电话线上,就可进入信息高速公路。随着多媒体技术的出现,用户还可将电脑、电视、电话连成一体以多种通信方式与外界取得联系。

　　有了高速传输功能的光导纤维,又有了多媒体的先进技术,再加上卫星通信的配合,信息高速公路的优越性便能充分地显示出来。

　　信息高速公路为人们的生活带来极大的便利。不久前,美国明尼苏达州一家诊所的医生,根据电视屏幕上显示的病人肝脏图像,指导远在2000公里外的医生进行手术操作。肝脏的图像是从那里通过人造卫星传送过来的。这是使用信息高速公路进行的远距离医疗。除此之外,它还可以使远隔重洋的通信双方,彼此看得清清楚楚;可以让学生在电视屏幕上请最优秀的教师为自己上课,而且能够互相对答;可以使人们足不出户,随时翻阅世界各地的图书资料……

信息高速公路使人们的工作方式发生重大的变革。办公会议可在各自的家里进行;天南地北的贸易伙伴可以进行"面对面"的商谈;复杂的研究可以在电脑屏幕上进行,最新研究成果能及时进行交流……

信息高速公路将大大提高劳动生产率,其提高幅度预计可达 20%~40%。劳动生产率的提高会带来巨大经济效益。据预测,美国 12 年内每投入 1 美元的资金将增加 6 美元的产值。

信息高速公路这一全球性的跨世纪宏伟工程,自 1993 年起步至今,只有短短的几年时间,但它的发展却是惊人的。信息高速公路的建设,开始改变人们观察世界的方式,缩短地域之间的距离,形成频繁交往的新型社会。信息高速公路对人类社会的影响,将远远超过以往任何一次科技革命。

与你共品
yu ni gong pin

　　人类已进入信息时代,信息高速公路已在许多方面影响着人们的生活。但你是否对信息高速公路有一个全面的认识呢?阅读此文后,你会知道许多有关的知识的。

个性独悟
ge xing du wu

　　★第三段画线部分说明了信息高速公路传输信息具有哪些特点?

　　★第六段中加点的"那里"指什么?

　　★第六、七、八段分别从哪几方面具体说明了信息高速公路的优越性?

快乐阅读
kuai le yue du

巴掌大的图书馆——光盘 / ···佚 名

　　光盘作为一种新型的载体,越来越受到人们的欢迎。它的技术日趋完善,种类也不断增加。光盘大致可分为三类:第一类是只读式光盘。在这种光盘上可录制电视节目,其声音和图像都优于磁带。第二类是一次可写入式光盘,把许多信息存储在光盘上,可供查阅。第三类叫信息可擦写光盘,也是最先进的光盘,是人们研究光盘存储技术追求的主要目标,不久将可代替磁盘成为电脑的大容量随机外存系统。光盘与传统的磁盘相比,最大的优点是存储信息密度高和读出采取非接触方式,所以近几年来得到了广泛应用。可携带的激光书库便是其中一项。

　　激光书库只有手掌那么大,可以放在口袋里。它上面有一个屏幕,与普通名片大小相仿。操作键就在下面,当插入直径只有 8.89 厘米的激光光盘之后,便可以在屏幕上映出一页一页的书,并能根据需要翻到任何一页。在这样小的激光光盘上,可以记录《日语词典》《英汉词典》《日英词典》《外来语词典》和《中国人物介绍》等五大本书的全部文字信息。如果是一个直径 30 厘米,厚度为 1.1 毫米的光盘,它的一面便可以存储整整 22 卷《世界百科全书》。

　　正因为光盘存储信息密度高,只需 5000 张左右的光盘,就可以把拥有 100 万册图书的图书馆的全部文字信息存储在其中。这样,一只手提箱就可轻而易举地把"图书馆"带走了。

　　光盘的应用,目前比较多见的是激光唱片。激光唱片上刻有许多不到 1 微米宽的坑纹,70 条这样的坑纹才有一根头发丝那么粗,或者说,相当于一条普通唱片的凹纹宽度。这样就大大提高了光盘存储信息的密度。播放时,激光唱片是通过一枚焦点精确的"激光针"去读取存储信息,是非接触方式,不会损坏唱片,发出的声音也相当逼真。坐在家里,欣赏激光唱片上的交响乐,有身临音乐厅聆听的感觉。

　　激光唱片的横盘是这样制作的:它是先将声音的信号变成激光信号,然后聚焦到光盘上,并形成一圈圈由微小凹坑组成的纹迹。这些凹坑的宽度不足 1

微米,深度仅为 0.1 微米,纹迹距离为 1.6 微米。在一个光盘上,每面有 5.4 万条纹迹,共约 260 亿个凹坑。这些凹坑就代表着声音信号。在放音时,聚焦的激光束照在光盘上,凹坑就会使激光反射出去并进行调制,声音就出来了。动听悦耳的歌声就这样传到我们的耳边。

激光录像是光盘的又一种应用。它不仅图像清晰,而且可以记录更多的信息量,大大提高视听效果。

光盘的问世,使人们的视听享受大大扩充了,预计不久的将来,人们都会拥有现代化的视听光盘,使工作、学习和生活更加丰富多彩。

与你共品
yu ni gong pin

　　本文用多种说明方法(举例子、打比方、列数字等),向你介绍光盘的种类、特点。语言准确、平实,说明的顺序具有很强的逻辑性。

　　光盘对于当今社会来说,已不是什么稀罕的东西了。我们大家都见过光盘,也使用过光盘,但是读完这篇文章,你会发现我们对光盘的了解原来是一知半解,为什么会有这么大的反差呢,这正是本文在写作上值得我们学习的地方。主要原因就在于,作者从专业的角度,利用最准确的数据,把光盘最不被人们所知道的信息罗列出来,让人眼前一亮,加深了读者对光盘的认识程度。

个性独悟
ge xing du wu

　　★写出光盘的三大种类和两大特点。为什么说光盘的读出是非接触方式的?

　　★说出第二段运用的三种说明方法。

　　★请参考文中的相关内容给光盘下定义。

快乐阅读
kuai le yue du

变色鱼将成为反恐新武器／···刘先曙

"9·11"恐怖袭击使美国损失惨重,此后反恐活动越来越受到人们的重视。由于恐怖分子经常用病菌和化学毒物作为武器攻击普通市民,这些病菌和化学毒物就是人们常说的生物武器和化学武器,它们能使人得非常可怕的疾病或者严重中毒,危害极大。所以如何跟踪、检测并发现生物和化学武器,成了反恐活动的重要课题。

这时生物学家想到了一种会变色的鱼——暹罗鱼。这种鱼身上有一个非常有意思的特点,就是它们的皮肤里有种变色细胞,可以使它们的皮肤像变色龙一样,只要和任何有毒物质一接触,就会改变颜色,即使是极少量的毒物。因此,生物学家认为,可以利用暹罗鱼皮肤中的变色细胞,制造出理想的生物和化学武器检测哨兵。

前不久,美国俄勒冈州立大学的一位生物学家在匹兹堡的一次会议上宣布,他设计了一种反恐新装置。这个装置就是从可变色的暹罗鱼得到启示而设计的。在它的内部,装有一种称为色素细胞的可改变颜色的皮肤细胞。皮肤细胞浸泡在一种能使细胞存活 3 个月以上的营养液中。当要检测水中或空气中是否含有病菌和化学毒物时,可将一小点水或空气吸进检测装置,当然也可以将怀疑有毒的土壤溶解在检测装置的营养液中,然后用一个电子传感器检测营养液中的细胞颜色有没有发生变化。

用这种装置化验了约 100 种环境污染物,包括一些生物武器,如:霍乱弧菌、炭疽菌等。所有这些对人类有害的病菌和毒物都在这个检测装置中原形毕露。而对人类无害的细菌却不会使其中的细胞改变颜色。

过去,许多国家的政府就是知道他们面临的威胁是生物和化学武器也毫无办法。因为这些武器的进攻形式多种多样,且范围极广,可以说是防不胜防。而这种新的生物检测装置提供了一种非常好的解决办法。因为它是以活细胞为基础的仪器,可以对任何生物和化学武器作出反应。不像以前用的检测装置,只能对预想的几种细菌和毒物作出反应。联合国前武器核查员,曾在海湾战争后在伊拉克核查生物武器的弗朗茨称赞说:"这种新装置相当有效。"

实际上,暹罗鱼是利用色素细胞作伪装和吸引配偶的。虽然它们没有"想过"利用色素细胞作为检测毒物的仪器,但它们这种一受到伤害就改变颜色的功能却给人类帮了大忙。

与你共品
yǔ nǐ gòng pǐn

反恐,是人类面临的新问题。本文向大家介绍反恐新武器——变色鱼。全文层次清晰,语言简明,让深奥的科学变得简单易懂。

个性独悟
gè xìng dú wù

★为什么"如何跟踪、检测并发现生物和化学武器,成了反恐活动的重要课题"?

★生物学家为什么会选中暹罗鱼作为生物和化学武器检测的哨兵呢?

★"所有这些对人类有害的病菌和毒物都在这个检测装置中原形毕露"中的"所有""都"这两个字的作用是什么?

★利用暹罗鱼变色原理研制的这种新的生物检测装置与传统的检测装置相比有什么优点?

作文链接
zuo wen lian jie

通信卫星 / ··· 王 昕

　　夏天的夜晚,仰望天空,星星们一个个都一动不动地挂在蓝色的天幕上。在茫茫的星海中,偶尔也会闯进一位"不速之客",缓缓地从星群中穿过,这就是人造地球卫星。它的种类繁多,形态各式各样,用途十分广泛。常见的有气象卫星、军用卫星、地质卫星、交通卫星等等。在庞大的人造卫星家族中,比较引人注目的要数通信卫星了。

　　什么叫通信卫星呢?

　　通信卫星又称同步卫星。它的特点是运转方向和绕地球赤道一周的时间都与地球自转方向和时间相同。从地面上看去,它像一个和地球赛跑的运动员,速度与地球的自转"旗鼓相当"。其实,它在远离地球的轨道上运行,速度比起地球自转速度来可快多了。

　　通信卫星的"年龄"并不大,但是,从20世纪60年代至今已更新换代三次,现在正以越来越快的速度向前飞速发展。目前,许多国家都在进行通信卫星的研究,我国已于今年成功地发射了试验性通信卫星。这标志着我国科学技术的又一大进步。

　　1984年的暑假里,在美国洛杉矶举行了举世瞩目的第23届奥运会。在比赛的那几天,我们每天在电视中看到当天比赛的情况。是谁把比赛的实况从远在大洋彼岸的洛杉矶传到这儿来的呢?这就是通信卫星的功劳。通信卫星的作用大得很,它不仅能使人们及时看到世界各地发生的重大事件,还能让各国人民通过电话互相增进了解。过去,电话通信是靠电话线,电视信号的传播则必须通过微波中继站进行。这在不大范围内还行得通。如果要翻山越海,就不得不花费巨大的人力、物力。通信卫星的诞生,像是给人们长了"千里眼""顺风耳",使这种状况有了很大的改观。

　　一颗先进的通信卫星,可以通过两路彩色电视,上百万路的电话。它的工作范围也很大,只要有三颗通信卫星,按一定距离运行在赤道上空的轨道上,就可以形成一个统一的全球通信网,真可谓神通广大。

四

卫星为什么能够进入太空呢？那是因为有运载火箭给予了它们一定的高度和速度。通信卫星的发射，不仅需要这些条件，而且对运行轨道有严格的要求。火箭只有将卫星送入离地面约 36000 公里的同步轨道内，通信卫星才能"老老实实"地待在地球某一地区的上空，由此可见，通信卫星的制造是一门很复杂的科学技术。

通信卫星的前景是十分广阔的。不久的将来，通信事业将更加发达。那时，通信卫星的技术也自然会逐步提高。它将可以通五六路彩色电视，上千万路电话。不仅如此，通信卫星还将应用到其他各个领域，如搜寻失踪飞机、船只等等。总之，通信卫星——这个卫星家族中的一员，将显示出越来越大的神通，为各国人民作出更大的贡献。

【简　评】
jian　　ping

这是一篇语言简洁朴实，层次分明的文章。

本文的说明对象是通信卫星，而文章开头却先以散文的笔调引出人造地球卫星。当然人造地球卫星种类繁多，其中比较引人注目的要数通信卫星了，这样就给了说明对象一个较完整的"家族"背景，给了读者一个初步的印象。

文章紧接着介绍了通信卫星的主要特征、发展情况、功能等方面的内容。"它的特点是运转方向和绕地球赤道一周的时间都与地球自转方向和时间相同"，但运转速度可比地球自转速度快多了；通信卫星从 60 年代产生后，发展速度越来越快，特别是我国，现在已成功地发射了试验性通信卫星。通信卫星作用巨大，"三颗通信卫星，按一定距离运行在赤道上空的轨道上，就可以形成一个统一的全球通信网"。

文章最后又简单介绍了卫星进入太空的原理，说明"通信卫星的发展前景是十分广阔的"。

全文重点突出，层层深入。作诠释、打比方等说明方法的运用，对清楚形象地说明事物起到了很大的作用。

网络病毒防范十招／···风清扬

相比于传统类型的病毒,网络类型的病毒除了在具体的表现形式、传播路径和破坏目标方面有所不同外, 两者仍然有本质的相同点——传播性和破坏性,但是网络类型的病毒有着更强大的传播性。因此如何有效地防范网络病毒已经成为众多上网用户所关心的话题, 下面就让我们来看看防范网络病毒的一些技巧。

一、合理设置杀毒软件

如果安装的杀毒软件具备扫描电子邮件的功能, 比如 PC-cillin 的"Web 过滤器""Web 安全"和"POP$_3$扫描"等,应尽量将这些功能全部打开,其他的杀毒软件也必须打开类似的网络过滤扫描功能。另外,现在的病毒发展速度越来越快,通过网络传播的时间越来越短,因此必须及时升级更新杀毒软件的病毒和扫描引擎。

二、合理设置电子邮件工具

如果是使用 Outlook Express 作为邮件的收发程序, 为了尽量避免邮件病毒的威胁,建议在"选项"中的"发送"设置中,选择使用"纯文本"格式发送电子邮件。要知道,现在大部分流行的邮件收发工具都支持以 HTML 方式撰写新邮件,而使用"纯文本"格式发送邮件,不但可以有效防止无意中被植入恶意的HTML 代码,同时也可以减少邮件体积,加快发送速度。

三、合理设置浏览器的安全级别

在控制面板中的"Internet 选项"中,进行合理的"安全"设置,不要随意降低安全级别,以减少来自恶意代码和 ActiveX 控件的威胁,在系统推荐的默认设置级别"中"的基础上,点击"自定义级别"按钮,可以进一步进行更严格的设置。建议尝试着每次只更改一两个项目,如果导致不能正常上网,或者上网不方便了,则适当地降低安全设置,多试几次直到找到适合自己的最佳安全设置组合。

四、慎重对待邮件附件

如果收到邮件附件中有可执行文件(如 EXE.COM 等)或者带有"宏"的文档(doc 等),不要直接打开,最好先用"另存为"把文件保存到磁盘上,然后用杀毒软件查杀一遍，确认没有病毒后再打开。不要打开扩展名 VBS、SHS 或者 PIF 的附件，因为这类文件几乎不会作为正常的附件发送，却经常地被病毒或蠕虫所利用。另外，绝对不要打开带有双扩展名的附件，如"BMP.EXE"或者"TXT.VBS"等。

五、不要随便点击不明链接

如果收到不明邮件，一定不要随便点击其中的链接，防止其带有恶意代码。同样我们在上网的时候，也不要经不住一些无聊话语的诱惑，随便、轻易点击一些无名小站的不明链接，因为它们经常被用来引诱用户去执行该文件。

六、不要随意接收文件

除非对方是你绝对信得过的朋友，且已经约定好了要发送文件，否则，不要随意接收从在线聊天系统(Oicq、IRC 等)发送过来的文件，无论对方用什么样的花言巧语也不要轻易上当。

七、尽量从大型的专业网站下载软件

一些 BBS 或者公共新闻组常常是病毒制造者发布新病毒的地方，尽量不要从这些地方下载软件，要下载软件的话，到大家都比较熟悉的专业网站进行下载，有效保证下载软件的安全。

八、设计始终显示文件的扩展名

在资源管理器中，选择"工具"\"文件夹选项"\"查看"，去掉"隐藏已知文件类型的扩展名"前的对号，这样就可以使那些想伪装成正常文件的病毒文件原形毕露，发现有什么异常扩展名的文件，便禁止使用或者直接删除。

九、及时升级邮件程序和操作系统

大多数的蠕虫类病毒是通过 Microsoft Outlook 或 Outlook Express 进行传播的，如果你用的正是 Outlook，建议最好到微软站点下载最新的安全补丁，以便有效地提升系统的安全性。必要时可以使用第三方邮件程序取代 Outlook Express，如 Foxmail、The Bat 等，由于它们的地址簿与 Outlook Express 不同，所以被病毒利用的可能性比较小。

十、启用网络防火墙

通过安装网络防火墙，可以有效地实现计算机与外界信息的过滤，实时监控网络中的信息交流，保护本地计算机不被病毒或者黑客程序破坏。

花落了还会开吗

【简 评】
jian ping

网络病毒是广大计算机用户十分关心的话题。本文作者从十个方面介绍了防范网络病毒的技巧，具有很强的操作性。文中虽涉及一些专业名词和专业用语，但对于计算机用户来说并不深奥，因此整体看来，其语言仍可算通俗易懂。

身边科学点滴

科 学 卷

水不停地滴下来

能把下面的石头滴穿

　　用思维控制物体移动？这仿佛是科幻小说中的情节。但事实上，人类的这一梦想正在渐渐成为现实。科学家预言，届时先进的技术不光可以用脑电波控制电脑，甚至还可以控制机器人的喉咙、舌头和嘴部肌肉作更多复杂运动，从而将人的思维转换成可以被听懂的语言。科学家称，比如在未来，也许可以研制出一种"思维控制电话"，到那时，你只需在2000英里以外的家中对着话筒在大脑中"想"出要说的话，对方就可听到，完全不用张嘴把它们说出来。

快乐阅读
kuai le yue du

解读"SARS"病毒 / ···佚 名

2003 年 4 月 16 日,世界卫生组织宣布,在中国、德国、加拿大等 10 个国家和地区的 13 个实验室的共同努力下,正式确认冠状病毒的一个变种是引起非典型肺炎的病原体,并将其命名为"SARS 病毒"。从世界卫生组织 3 月 12 日向全球发出警报至此,科学家们只用了 4 周的时间,就完成了过去几年、几十年才能完成的工作,让我们如此真切地感受了科学发展的实际意义。

在对病毒的研究中科学家发现,引起此次"非典型肺炎"的病毒与流感病毒存在着某种亲缘关系。而翻开人类传染病流行史,早在公元前 4 世纪人类就有了关于流感的记载。在 1658 年意大利威尼斯城的一次流感大流行中,有 6 万人死亡,惊慌的人们认为这是上帝的惩罚,是行星带来的厄运所致,所以将这种病命名为"Influenza",原意为"魔鬼"。

虽然科学已经证明流感是由流感病毒感染所致,但"Influenza"的名称却一直沿用下来。

20 世纪世界范围的流感多次暴发,最近的一次是在 1999~2000 年间的中度以上流感暴发,其中最为严重的为法国,流行高峰时发病率高达 0.861%。

目前人类发现的流感病毒大约有 1 万种,令人吃惊的是,最常见的病毒携带者是禽类。鸭子身上就携带有多种流感病毒,但自己却从不得流感,当鸭子把流感病毒传染给鸡,鸡群会引发禽流感进而殃及人类。

科学家说"非典型肺炎"病毒非常独特,以前从未在人类身上发现过。这也是病毒得以在人群中迅速传播的重要原因。科学研究表明,事实上抗生素对于大部分病毒并不产生作用,因而病人只有依靠自身的抗体才能解决问题,但是对于陌生的病毒,任何人体内原本并不存在抗体。在 15 世纪欧洲人对美洲的征服过程中,西班牙人带来的病菌导致 95% 的土著印第安人死亡,代表死神的病毒和细菌为什么不去袭击西班牙人呢?现代医学提供了答案:美洲印第安人对来自另一个大陆的病毒没有免疫力。

新病毒的产生往往不是无中生有,而大多源于变异,"非典型肺炎"病毒就是冠状病毒的变种。变种其实是病毒所犯的错误。遗传物质的复制是一个极其复杂的过程,病毒自己也很难把握,而基因的甄别和修补能力又不足以纠正错误,所以就产生出了变种的病毒。1918 年的流感是迄今为止世界上最凶猛的一次传染病大暴发,一年之内共造成 2000 多万人死亡,超过了第一次世界大战死亡人数的总和。80 年后科学家才发现,1918 年的流感病毒是个"杂种"病毒,是由猪的流感病毒基因与人类流感病毒基因组合而成的变种。

令人振奋的是,在生命科学奠定的坚实基础上,今天的科学家仅用了四个星期的时间就找出了"SARS 病毒",而在 20 年前,从发现艾滋病到分离艾滋病毒的时间间隔还要近 200 个星期。在与传染病的对抗中,用科技武装起来的人类,正变得越来越有自信。

"非典型肺炎"病原体的确定可以让科学家们集中更多的精力去研究病毒,开发疫苗和寻找有效药物,从而加快在预防、诊断和治疗"非典型肺炎"方面的步伐。目前"非典型肺炎"虽然已在 27 个(截至 2003 年 4 月 22 日)国家和地区现身,但总的扩散趋势已得到有效控制。人类与传染病抗争的经验、最新科研成果的应用和世界性的科学合作,有效阻击了病魔的脚步。

2002 年 11 月 16 日"非典型肺炎"最早出现在广东的佛山市。那时,它的凶狠本质还没有完全暴露。

2003 年 1 月,"非典"的传播,引起了国家卫生部和世界卫生组织的关注,并很快确定"非典"唾液飞沫的传播途径,宣布预防呼吸道传染病的各种传统手段都适合预防"非典",并号召人们保持良好的卫生习惯。同时,以对流感、鼠疫、钩状螺旋体甚至于炭疽热等多种病原的怀疑和担心为起点,科学家们也开始了寻找病源的工作。在病人血清中找到一种病毒后,要证明它是不是病原体,是一项复杂的工作,包括分离和培养病毒、与一般健康人群作比较以及在恢复期病人的血清中寻找相应的抗体、分离抗体、进行动物实验等多个环节。

2 月 18 日,我国科学家宣布发现了衣原体颗粒。目前,科学家认为它可能是"非典"致病的帮凶。

3 月,我国政府把"非典"列为法定传染病。

3月19日，香港地区的研究者提出病原体可能是某种副黏病毒。与此同时，德国和加拿大的科学家也得出同样结果。

3月23日，香港地区和美国几乎同时报告，一种冠状病毒有可能是真正的元凶。

4月12日，加拿大科学家绘制出了被怀疑是"非典"病原体的冠状病毒的基因图谱，并进行了基因破译研究。世界卫生组织认为这是一个重大的研究突破。

4月19日，我国科学家研制出一小时检测非典型肺炎试剂。

在缺乏有效治疗方法的情况下，国际上通用的支持性治疗被我国医疗界广泛用于阻止"非典"的蔓延。所谓支持性治疗就是依靠良好的护理手段，更好地调动病人的免疫系统来对付体内病毒。给病人供氧、注射激素或免疫球蛋白，来增强病人抵抗力。最新的临床研究进展来自香港，香港医生尝试着从已康复的非典型肺炎病人体内取得血清，用来治疗一些病情严重的病人，已取得一定效果。支持性治疗使非典型肺炎病人的死亡率保持在4.3%以下，与其他原因引起的肺炎相比，这也是一个一般的比例。

接种疫苗是人类对付传染病的有力武器。自从200年前牛痘疫苗消灭了天花之后，疫苗就成了人类对付众多传染病的终极法宝，以至于20世纪的后十年被称为了"疫苗十年"。50年前推行的流感疫苗，让70%的接种者从中得到了好处；最安全的、最先进的基因疫苗也已让艾滋病的防治见到了曙光；变种的冠状病毒基因图谱的迅速问世，让相关的疫苗研究有了一个好的开端，更多的专家认为，非典型肺炎制造麻烦的时间将被大大缩短。这也是科学送给我们的最平易近人的礼物。

与你共品
yu ni gong pin

2003年春天，我们共同经历了一场灾难。这场灾难让我们认识了"SARS病毒"，也让我们知道了"SARS"的另一种解读——"smile and retain smile(微笑并保持微笑)"。

个性独悟
ge xing du wu

　　★如何理解"1918年的流感是迄今为止世界上最凶猛的一次传染病大爆发"中的"最"字呢?

　　★文中写道"今天的科学家仅用了四个星期的时间就找出了'SARS病毒',而在20年前,从发现艾滋病到分离艾滋病毒的时间间隔还要近200个星期。"你认为将找出"SARS病毒"的时间和分离出艾滋病的时间作比较的目的是什么?

　　★文中不停地列出日期——"2月18日;3月;3月19日;3月23日;4月12日;4月19日"并分段叙述是要表明什么?

快乐阅读
kuai le yue du

铅笔小史／···田　方

　　铅笔问世不到两百年。在这以前,中国人长期使用毛笔,而欧洲则自公元6世纪以来一直把鹅毛管削尖了当笔使。

　　1564年,一场暴风雨把英国坎伯兰郡博罗戴尔附近一棵大树吹倒了,在树根下露出了一种黑矿石。当地的牧羊人把这种矿石叫黑铅(纯石墨),用它在羊群身上打记号。下久,精明的城里人把矿石切割成一条一条,在伦敦街头兜售。商人们用这种黑铅条在货物的包装上打记号。他们把黑铅条叫作"打印石"。

　　当时的石墨条有两大缺点:一是易断;二是染污使用者的手。于是有人在石墨条外面捆上绳索,用完一段解开一段。

　　1761年,巴伐利亚工匠、业余化学家卡斯帕尔·法比尔把石墨粉、硫、锑和树脂搅拌在一起,压成条形晾干后使用,效果比纯石墨好得多。

　　1790年,在拿破仑发动侵欧战争期间,英国停止向法国供应石墨笔。拿破

五

身边科学点滴

仑命令法国化学家雅克·贡戴制造石墨笔。但是法国的石墨矿蕴藏量小,质量又差。贡戴只能在石墨里掺上泥放在窑里烧,结果却意想不到地好。黑铅的硬度和深浅可以随掺的泥的多少而变化。

1812年,由于战争,美国无法从英国得到石墨。而美国的石墨质量极为低劣,不管掺什么,做出来的"黑墨"都是一碰就断。细木工威廉·门罗制作了七英寸长厚薄一样的小木条,木条中间刻上一道同石墨条一样粗细的槽,把石墨条放在槽里,把两根木条黏合在一起。第一支真正的铅笔就这样诞生了。它一问世就受到人们的热烈欢迎。西方用了一千多年的鹅毛笔从此进入了博物馆。

目前,全世界生产三百多种具有各种性能的铅笔。

与你共品
yu ni gong pin

这是一篇以时间为顺序的说明文,作者从发现石墨,到使用并改进石墨笔,一直到制造出第一支铅笔的过程中,叙述了铅笔问世的历史。文章运用大量举例子的说明方法,从中可以看出作者不仅善于积累,而且善于从积累中选取关键性的材料进行说明,使说明的对象更加清晰地展现在读者的眼前。

个性独悟
ge xing du wu

★请你概括文章第一自然节的内容。

★结尾一句写了什么内容?这句话是否可以删掉?

★全文主要运用的说明方法有哪些?主要运用的表达方式有哪些?

快乐阅读
kuai le yue du

苍蝇、蜻蜓、萤火虫的启迪／···杨淑培

　　六足四翅的昆虫家族，在地球上已经繁衍了 3.5 亿年。昆虫世界是一个神秘的世界，对昆虫奥秘的探索，推动了科学技术的发展。

　　昆虫的复眼，构造精巧，由几十、几百乃至二三万只小眼紧密排列组成。人眼要用 0.05 秒才能看清物体的轮廓，复眼只要 0.01 秒钟就可以了。因为复眼有很好的运动知觉，能够看清楚快速运动的物体，是一个很好的速度计。科学家根据这一原理，研制了测量飞机相对地面飞行速度的"飞机对地速度计"。

　　苍蝇的一只复眼约有 3000 只小眼，是一种蜂窝型结构。人们仿照它研制出一种新型照相机"蝇眼"，一次能拍摄 1329 张照片，分辨率每厘米达 4000 条线。

　　昆虫是首先获得飞翔能力的生物，大约在 3 亿年前就升入高空，比爬行类、鸟类要早 5000 年。蜻蜓翅膀的提升力，按体重比例计算，比目前最好的飞机还大 3 倍。科学家采用塑料制成"昆虫飞机"，安上发动机就能飞上天。这种用无线电操纵的"昆虫飞机"可以用于航空摄影、探测气象、山区运输等。

　　苍蝇一类双翅目昆虫后翅的痕迹器官——楫翅，飞行时每秒钟振动 330 次，是天然的导航器官。科学家依据楫翅的导航原理，制成"振动陀螺仪"，其体积是传统陀螺仪的五分之一。还研制成"振弦角速率陀螺"等新型导航仪器，用于高速飞行的火箭、飞机，能自动平衡各种程度的倾斜，稳定飞行。

　　小小萤火虫把化学能转变成光能的效率几乎达到 100%，而普通电灯的效率只有 6% 左右。萤光发出的热，只有一摄氏度的四十万分之一，这是自然界的一个伟大奇迹。随着对萤火虫发光的深入研究，制成了应用于矿井的闪光灯和水下照明灯，以后还将用来探知外星是否有生物的存在，以及癌症的早期诊断。

与你共品
yu ni gong pin

本文是一篇科普说明文。先总述了昆虫的发展史、研究昆虫学的意义，然后逐段说明了苍蝇、蜻蜓、萤火虫的器官构造、功能原理给人类的启迪。文章使用了详尽准确的数据和多次作比较，使作者的观点得到了充分的阐述和证明。

个性独悟
ge xing du wu

★第二自然段中，"科学家根据这一原理"中"这"指代什么？

★文章第一自然段的作用是什么？

★根据文章判断，把同样量的化学能转变成光能的过程中，普通电灯损耗的化学能多还是萤火虫损耗的化学能多。

★本文使用了哪几种说明方法？并各举一例。

快乐阅读
kuai le yue du

一滴水能够映现出整个太阳／···刘　辉

"一滴水能够映现出整个太阳"不过是一句普通的格言，可是却包含着深刻的道理：世界是按照自相似或全息的原理构成的。

谁都承认，大自然是极其复杂的，但是谁能想到，她竟是按照最简单的方法构成。构造一个事物，最简单的方法莫过于按照一个模式来复制了，大自然所用的就是这种方法。这种方法看起来单调而简单，大自然却用它创造出了种种奇迹,创造出一个多姿多彩、充满了生机的世界。这正是大自然的聪慧之处。

用这种方法构造出的世界,呈现出许许多多神奇的现象。

一滴水在宇宙中不过是一个微小的点,可是它却能反映出整个太阳。这就意味着整个太阳已经被"压缩"进一个水滴之中:我们的眼睛不过几厘米大小,却能看到整个星空,只有整个星空的信息被浓缩进空间的每一个点上,这才有可能。于是,当我们面对清晨绿叶上的串串露珠时,仿佛看到无数的太阳在微风中舞蹈;当我们凝视少女那秋潭般碧澈的眼睛时,似乎看到了一个奥妙无穷的宇宙。

科学家们用这个原理制造出了全息照片。通常的照片撕碎后不能复原,而且其成像是平面的。全息照片则不同,它的成像是立体的,与真实的事物一般无二。假如照片上是一只狗的头像,那么,那只狗的头看上去就伸到了照片之外。这种照片所摄取的图像与现实事物相同,假如从照片的正面看去有些风景被前面的东西挡住了,那么,只要你侧一下身子,换个角度,就能看到后边的事物。这种照片的另一个特点,就是它的每一部分都含有这个图像的全部信息。把它的底片撕碎,每一碎片都能重现出原来的完整图像。当科学家们研制的全息电影和全息电视问世之时,我们在影院里,就能真正体会到身临其境的感觉。

我们本来就生活在这样一个全息的世界中,人们的日常生活中随处可以发现全息的影子。我们之所以能够看电视、听广播,就是由于电磁波的每一点上都携带着电视台和广播电台所发出的全部信息,由此我们才能够在不同的地方看到完整的图像、听到完整的声音。实际上,在空间的每一个点上,都有来自全世界以至全宇宙的信息,只是由于这些信息隐藏得比较深或者很微弱,我们无法感受到。但只要有相应的信息显示器(比如天文望远镜、电视机等)就可以使这些信息展示出来。所以,我们要认识这个世界本来是无须出门的,只要把我们身边空间中的信息翻译或显示出来,整个世界甚至宇宙就会展现在我们面前。这大概就是老子所说的"不出户,知天下。不窥牖,见天道"的境界吧。

 与你共品
yu ni gong pin

世界是按照自相似或全息的原理构成的。我们生活在一个全息的世界中,只要把我们身边空间中的信息翻译或显示出来,整个世界

甚至宇宙就会展现在我们面前。

个性独悟
ge xing du wu

★"一滴水能够映现出整个太阳，不过是一句普通的格言，可是却包含着深刻的道理。"这句格言的原理是什么？这句格言所包含的道理是什么？

★"全息照片"的原理是什么？"全息照片"的特点有哪些？

★老子所说的"不出户，知天下。不窥牖，见天道。"其意思是什么？而怎样才能达到这种境界？

快乐阅读
kuai le yue du

硅谷是由故事建成的 / ··· 伍 郎

这个位于加利福尼亚旧金山到圣何塞之间的48公里长16公里宽的地带现已闻名于世，但在50年前第一家高科技公司进驻的时候，它却连个名称都没有。直到1971年，一家专门报道半导体工业的周刊给它取了个名字——硅谷，这个大名才开始流传开来。之所以叫它硅谷，是因为它赖以发家的产业——半导体工业的基本原料就是硅，硅是整个产业发展的原油。从某种意义上说，这是一个真正把沙子变成黄金的行业。在英特尔公司，普通黄沙被净化后加热到一千多度，结晶成硅晶片，再经过几百道工序，最后就成为信息产品的基石——电脑微处理芯片。

不过，硅谷的起步可没有这么神奇。它不过是源自斯坦福大学的一个地产开发的设想。斯坦福大学 8800 英亩的校园来自斯坦福夫妇的捐赠,夫妇俩捐赠时就明确规定,这块地一点儿也不能出售。到了 20 世纪 40 年代末,大学当局正为没有钱聘一流教授而伤脑筋,几位主管不约而同地想到了这块地。既然不能卖,那就出租吧。1951 年,斯坦福工业区建立,是此类工业区中的第一家。对斯坦福来说,这是他们赚钱的"秘密武器",而对许多公司来说,在一个大学附近建立工业区的想法是非常新鲜的。第一个来试探的是瓦里安公司,这还是一个从斯坦福分离出去的公司。第一份租约:4 英亩土地,99 年租期,每英亩租金 4000 美元,不受通货膨胀影响。现在,光这份租约就足以让瓦里安公司发财。到后来,工业区的范围已超出了这片校园,来租地的公司越来越多,斯坦福大学坐地收钱,年进账可达上千万美元。它有了一流教授,它的学生遍布硅谷的公司。有人说,斯坦福大学才是硅谷最成功的"公司"。

有了地、有了人还不行,关键是硅谷里的公司得有生意。幸运的是,硅谷精英们手中有一项划时代的技术创新——半导体。50 年代直至 60 年代初,来自军方的大量订货让这些公司都顺利地活下来了。这更多的是幸运,而不是高科技的奇迹。奇迹要靠另一帮硅谷天才来创造。硅谷所有的奇迹里,苹果公司无疑最具有传奇性。70 年代初,当二十来岁的乔布斯和沃兹奈克用各种电子元件捣鼓出一台计算机时,他们的朋友都想要一台。乔布斯说:好吧,我把汽车卖了,沃兹奈克把计算器卖了。我们可以造 100 台,每台卖 50 美元,那时我们的汽车和计算器又回来了。在自家车库里,两人花了 60 个小时装好了第一台"苹果"机,但以后就快多了。后来,生意越来越好,汽车房里堆满了电子器件,他们必须扩大生产了。1976 年秋,俩小伙子正在车库猛干,一个当地的风险资本家瓦伦丁开着奔驰车上门了,这是苹果电脑的一个经销商推荐他来的。瓦伦丁一看乔布斯的扮相就够了(他穿着绷得很紧的工装裤,脚踩拖鞋,长发披肩,还留着一撮胡志明式的小胡子),他没有给他们钱,但让他们去找英特尔公司前销售经理马克库拉。38 岁的百万富翁马克库拉已从英特尔退休,他向乔布斯要企业计划书。乔布斯和沃兹奈克面面相觑——他们不知道企业计划书是个什么玩意儿。马克库拉解释道,一份详细的计划书对筹措风险资金是至关重要的。后来,马克库拉终于同意入股 9.1 万美元,并帮助公司弄到 25 万美元的贷款。4 年后的 1980 年,苹果公司发行股票,马克库拉的股票市值飞升为 1.54 亿美元。当然,乔布斯的更多,价值达 1.65 亿美元。

没有什么能比这种故事更能打动人心,更能体现硅谷的魅力了。硅谷也正是由这一个个奇迹般的故事"建成"的。在斯坦福大学工业区之后,美国有 18

所大学也仿照这个模式建起了自己的研究区,但基本没有起色。迈阿密大学的研究区甚至连一家企业都没有吸引过来。最有可能和硅谷抗衡的是波士顿128号公路,它附近有世界知名的哈佛大学和麻省理工学院。但是,它们缺乏工程技术力量,其实力更多体现在更加基础性的科学研究方面。最致命的是,它们缺少让人心动的"故事"。哈佛大学计算机实验室的王安博士倒是曾给这一地区带来希望,但也仅此而已。也许有感于此,广东省常务副省长王岐山在谈到高新技术产业时说:我们需要一个故事。刚起步的中国高新技术需要一个示范,一个成功的故事。

与你共品
yu ni gong pin

　　硅谷怎样发展起来的呢?相信当你读完本文后一定会明白的。文章的说明方式很有技巧,其本身就给我们讲述了几个故事,每个故事都是硅谷发展不可缺少的条件和原因。

个性独悟
ge xing du wu

　　★为什么把这一工业区叫"硅谷"呢?(可用文章中的原话)
　　★有人说:"斯坦福大学才是硅谷最成功的'公司'",这话有道理吗?
　　★文章中详细介绍了苹果公司的发展过程,你认为哪些人物在其发展道路上起到了巨大的作用?
　　★硅谷是由一个个奇迹般的故事"建成"的,这篇文章讲了哪几个故事?

快乐阅读
kuai le yue du

未来的海洋／··· 刘光鼎

浩瀚的海洋,蕴藏着雄厚的生机和活力。她,有时碧波轻漾,万里似镜,开朗而又端庄;有时狂涛巨浪,澎湃似怒,野蛮而不驯顺。可是,你知道吗?这里蕴藏着丰富的资源,她可以变成农田牧场,还能够成为旅游胜地,甚至,人类还想在海底建立城市,回到海洋里去生活……

一、雄伟的油气田

石油和天然气埋藏在地下的深部,同样也埋藏在海底。就在我们伟大祖国的辽阔海域里,有着丰富的油气蕴藏,它将会出现多处雄伟壮丽的油气基地。

如今,在我国近海大陆架地区,正在进行大规模的勘探活动。渤海、黄海、东海和南海的珠江口,北部湾以及海南岛附近的海域,都已查明了许多可能含油气的构造,而且在钻探中见到了工业油气流或油气显示。一个开发海底油气资源的高潮即将广泛展开。

不久的将来,在一片汪洋大海上,钻塔将一个个矗立起来,采油平台、海上和水下的储油装置、输油管道都将依次敷设,平台与平台之间还将架路设桥。到那时,船舶穿梭往来,飞机回旋起落,汽车往返奔驰。石油工人在海洋油气基地上控制键盘,操纵自动化设备,将成千上万吨原油和液化天然气输送到陆地岸边,转运到工厂和农村。随着夜幕的降临,那里将是千万盏灯火明亮,呈现出一幅壮丽喜人的画面。

二、肥沃的农牧场

开发海洋,不但要从海底取出石油和天然气,采集深海底的多金属结核和岸边的砂矿等固体矿产资源,还应该使近海变成肥沃高产的农牧场。

我们将到大海里去种植放牧,只不过种的不是稻麦菽黍,放牧的不是牛羊骡马。我们要让海洋为人类提供更多鱼类、藻类,使家家户户都有丰盛的海味佳肴。

如今,我们已经建立起大面积的紫菜、海带养殖场。我们已经能够改变对虾的习性,使它们在浅海环境中生长。还可以在适宜的地点设置人工鱼礁,使鲱鱼人工产卵;对鲑鱼作适应驯化,让鲟鱼、鲤鱼大量繁衍;并增养牡蛎、扇贝、贻贝等。对海产的养殖和放牧,目前仅仅是开始,新的品种、新的群类还有待于探索和开发,但它的前景已经十分明朗,它的发展肯定是广阔的。

人类除了每年从海洋中获取几千万吨水产之外,还想提取海水中的金属元素。说来也许使你吃惊,海水中竟含有 60 种以上的元素。其中如金、钒、钼等都是很贵重的金属。只不过要从海水中提取这些元素,犹如"沙里淘金"般的困难,以前人们不敢轻易动手。如今,科学家想出了好主意:在海里养殖海草,请海草担任第一道工序——吸收海水中的某些元素, 等到海草收割后再请冶炼厂担任第二道工序——提取海草中的贵重元素。

不久的将来,我们将要在面积宽广的海底农场栽培海草,并且在海底农场上整齐地划分一块块区域,按人们的主意,栽培能吸收金、钼、钒等的海草,栽培医药上不可缺少的含溴、碘的海草。到那时,海洋农田牧场会有许许多多海洋学家,其中包括生物、化学、物理等方面的专家和各式各样的海洋工程师。他们将研究海洋动植物生态、选育优良品种、试验并合成饵料,探求最佳栽培和放养环境,建设肥沃的海洋农场。

三、奇妙的旅游地

开发海洋,还应该开发海洋的旅游事业。海洋有绝佳的自然环境,适于休养,能够吸引大批旅游者观光。

我国沿海,从鸭绿江口到北仑河口,几乎到处都有风光绮丽的自然景观。无论是巨崖陡峭,惊涛拍岸,激起千层雪;抑或是细砂平铺,海水进退,天水一线连,都别具一番风味。就是在那红树林遍布或珊瑚礁环绕的海岸上漫步,也必将引起不少美妙的遐想。对这些自然美景稍事修饰,增添一些旅游设施而后开放,像湄洲岛火山口的深邃、海南岛天涯海角的博大、钱塘江口潮汛的壮观、蓬莱阁海市蜃楼的秀丽以及山海关要塞的险峻,必将会令人流连忘返,一见而不能忘怀。

随着海洋开发的进展,在海洋空间将陆续出现雄伟的建筑、工厂和城市,也为海洋旅游准备了条件。如果我们以这些海上建筑为依托,设置水族馆、海上公园、水下旅游场,将会吸引多少游客啊!要知道,古往今来,人们一直认为海底世界是奇妙的,谁不幻想着能到"水晶龙宫"去漫游一番呢?

四、未来的海底城市

一旦建立起海底工厂,大量开发海底资源时,就需要大量人员。科学家们设想,将来在海底建立城市,人类将可能开始移居到海底。有朝一日,海底住户越来越多,建造起一幢幢海底公寓,形成一个个海底村落、海底乡镇,并发展为海底城市。至于人进入深海,除了现在适用的潜水服外,还可以利用人造鳃,从海水中吸取必要的氧,而排出二氧化碳。有了这种装置,人就能像鱼那样自由自在地生活在海水中了。

未来的海底城市不仅是美丽的,而且完全是要利用科学技术装备起来的。在海底城市的中心,将要建立形形色色的设施,为工作、生活提供服务,其中医院、学校、娱乐场所、商店等应有尽有,绝不比陆地上逊色。还有潜艇、直升机、气垫船等多种交通工具,而水声设备和无线电设备可供海面陆上联络通信。

亲爱的少年朋友,21世纪无疑将是更美好的。但是,任何美好的事物都必须通过我们的辛勤劳动才能创造、开发。我们要运用人类所取得的全部文明,特别是科学技术成就来开发我们祖国的海洋,使海洋不再是受禁锢的龙宫,而是人类劳动、生产和休憩旅游的场所。

来开发海洋吧!期望你们能够投身到海洋开发事业中来,并在开发祖国海洋的宏伟工程中作出贡献!

与你共品
yu ni gong pin

海洋曾经孕育了地球的生命,它也蕴藏着人类所需要的丰富资源。为了人类的可持续发展,各国都竞相向海洋进军,因为海底埋藏着大量的石油和天然气、海水中含有许多宝贵的金属物质,人类有可能将近海变成肥沃高产的农牧场,并建设适合人类居住的海底城市。未来的海洋将大大地改变人类的生活。

个性独悟
ge xing du wu

★文章第一自然段,在语言上具有什么特点,"可是,你知道吗?"一句在全文中有什么作用?

★在"海洋有绝佳的自然环境"一句中,"绝佳"如何理解?"从鸭绿江口到北仑河口,几乎到处都有风光绮丽的自然景观",为什么说"几乎"?"景观"又怎样理解?

★作者认为:"就是在那红树林遍布或珊瑚礁环绕的海岸上漫步,也必将引起不少美妙的遐想。"如果你此时身临其境会有什么想法?

★作者在文章最后两个自然段中,对我们这一代提出了怎样的要求,寄予了什么希望?同时表达出作者怎样的思想感情?

快乐阅读
kuai le yue du

把玉米穿在身上 / ···张世平

你可曾想过,玉米,这种最寻常的常常被用作饲料的东西,将摇身一变成为统领世界服装时尚的明星。

总部设在美国的杜邦公司将在10月投产一代全新的多聚体化合物产品。这种很可能风靡全球的将以玉米为原料的新产品叫"索罗那"(Sorona)。

索罗那是一种聚酯化合物,像尼龙一样,具有许多优异特性。用索罗那制成纤维加工成的纺织品,在舒适、耐磨、弹性、抗皱、防护等性能方面,大大优于现有的其他化纤品。索罗那还有易染色的特点,因而花色品种也就更加丰富多彩。用它制成的模压品比现有的人造皮革更柔软,更像真皮。索罗那能制成内衣、运动服、衬料、仿毛品、医疗用品、表面防护剂(漆)、密封剂、盛具、包装品、家用及汽车用装饰材料以至宇航用品……可谓前程远大。

在当今珍惜资源和保护环境的时代氛围中，索罗那最独特的优点是它的回收再利用性。这使它成为"环保世纪"最受重视的项目。用旧了和废弃了的索罗那产品被加工处理后，可以再成为生产索罗那的原料。

索罗那的主要化学成分是一种被称为3GT的多聚体化合物。3GT是一种由丙二醇(3G)和对苯二甲酸(T)交替相接的链状分子。只要把链的合成控制在不同的长度，或者在对苯二甲酸上加不同的基因，就能制造出不同性能、满足不同需要的产品。

50年来，人们一直在寻找经济有效的方法来化学合成丙二醇，因为这样才能把3GT发展成廉价的工业产品。20世纪90年代中期，杜邦公司与迪戈萨霍尔公司合作，终于实现了工业合成丙二醇的理想。

然而科学家并没有就此止步，他们的目标是寻找实用的生物合成途径。

在自然界，某些酵母菌能以葡萄糖为食物，大量生产出丙三醇(甘油)，而某些细菌则能以丙三醇为生，大量生产丙二醇。那么人们能否利用遗传工程技术，把酵母菌以葡萄糖制造丙三醇的能力和细菌以丙三醇制造丙二醇的能力组合到同一生物中去，从而创造出一个以葡萄糖为原料来生产丙二醇的"生物工厂"呢？

杜邦公司找到了答案。他们的科研人员与一称为"基因核(Genencor)"的生物技术公司通力合作，在1998年利用遗传工程技术成功地培育出了一系列能以葡萄糖为食料，转化生产丙二醇的大肠杆菌菌种。通过一系列的优化筛选后，他们终于获得了达到工业生产标准的菌株。

这项生物技术的突破性成果，打开了低成本、无环境污染的大规模生物合成丙二醇的大门。杜邦公司正在建造一座工厂，以玉米粉为基本养料，利用这种新的大肠杆菌来发酵生产丙二醇。届时人类就可以用取之不尽的玉米，而不是用资源越来越枯竭的石油为原料，来生产优质、多效、廉价的化合品了。

除了原料取之不尽(玉米可不断种植，用来制造葡萄糖的原料是空气中的二氧化碳和土壤中的水，所需能量则来自阳光)外，与化学合成的方法相比，生物发酵方法还有许多优点。如在生物发酵的生产过程中不会产生有害物质，因而不发生环境污染的问题。而且大规模种植玉米还有净化空气、改善环境的作用。

以往，从石油化工途径生产的化学纤维，合成的条件需要高温高压，不但耗能高，而且工艺设备复杂，生产操作困难。而生物发酵过程则是在常温常压下进行，条件没有那么苛刻，工作环境更安全。由于工艺设备相对简单，所以造价也相对较低(基础设施投资可节省40%)，生产成本降低将导致产品价格的降低。

"创造更好的物质,创造更好的生活"。杜邦,这家古老的化学公司,在30年代发明了尼龙,给人类生活带来了巨大变化。今天,它又以生物工程为技术背景发明了索罗那,又会给人类生活带来新的质的飞跃。

尼龙、索罗那都是科学创造出来的奇迹。在环境保护对人类生活以至生存日益重要的今天,杜邦将会探索、开发出更优越的"绿色"奇迹。

与你共品
yu ni gong pin

香喷喷的玉米棒子,相信许多人都尝过。但你可曾意识到,某场时装秀上模特所穿的衣服,就是用玉米做的呢!这就是科学的魅力。

把一种人们传统的思维中已形成定势的物质——可以吃的玉米,扩展到作为服装穿在身上,这种概念上的创新就足以让人产生浓厚的好奇心。然而,事情往往没有那么简单,因为只凭好的标题并不能完全吸引住读者的眼球。好的文章主要来自作者严密的逻辑表达和优美的文字叙述。本文正是这样,作者以美国杜邦公司发明的新产品"索罗那"为载体,以高超的写作技巧向读者展示了如何才能把玉米穿在身上这一"绿色"奇迹。

个性独悟
ge xing du wu

★作者认为"索罗那很可能风靡全球"的依据有哪五个方面?其中特别看重的是哪一个方面?

★从文章末段的措辞上看,作者有替杜邦公司做广告的嫌疑,那么怎样改动一下,可以消除这种嫌疑?

★本文以"把玉米穿在身上"为题,有怎样的表达效果?

快乐阅读
kuai le yue du

水滴石穿的科学说法 / ···佚 名

　　水滴石穿是一句有名的成语,意思是说:水不停地滴下来,能把下面的石头滴穿。在山寨和一些古老的庙宇、民居边,真能看到这样的情景。不过,水滴石穿,须待以时日,非短时间内可以出现的。但是,关于水滴石穿的缘由说法,却随着科学技术的迅猛发展已"百花齐放"。

　　磨损说。这是古老而又原始的说法。水从高处滴下来,其冲击的力量是不可小看的。俗话说:"只要功夫深,铁杵磨成针。"铁杵如此,顽石也一样,一磨一滴,其科学道理是相似的。水滴日复一日、年复一年、持之以恒,完全可以做出常人难以想象的事来。古人曰:"水非石之钻,渐靡使之然也。"这里的"靡",即磨损的意思。

　　空泡说。水滴从空中落下来,受到内聚力、分子吸引力、摩擦力和空气动力等多种力量的综合作用,形状会发生许多变化,最后成为倒扣的碗形。水滴着地时,犹如一只倒扣的"小碗"趴在地上,"小碗"内的空气就成了一个空泡,空泡被挤压破碎,产生很大的爆发力,使石块受到巨大冲击。用每秒1500张图像的高速摄影可以清晰地看到水滴着地时的情景,由于水滴中心附近的一些局部流速相当高,流速高的地方压力变低,这里也会产生空泡。与此同时,水滴中还存在局部的高压区。由于那里压力大,使得空泡无法存在而爆裂,其高压有时可高达10万个大气压。在这种超高压的作用下,水滴石穿也就不足为怪了。

　　溶解说。由于空气中含有0.03%的二氧化碳,二氧化碳易溶于水而生成碳酸,所以水滴实际上是具有弱酸性的碳酸溶液。当这种水滴落到石灰石、大理石这一类石块上时,碳酸就会与石块中的主要成分碳酸钙发生化学反应,生成可溶性碳酸氢钙,使石块局部缓慢溶解并流失。在石灰岩地质地貌地带,有许多景色绚丽的溶洞,就是由流水雕琢出来的。可溶性碳酸氢钙在受热或压力骤然变小时,又会发生分解,生成碳酸钙重新沉积下来,形成钟乳石、石笋和石柱,使溶洞的景色锦上添花。

　　酸雨说。化石燃料(煤炭、石油、天然气等)燃烧时会产生许多硫氧化合物

身边科学点滴

(二氧化硫、三氧化硫)和氮氧化合物(一氧化氮、二氧化氮等),它们在大气中飘逸,成为水蒸气凝聚的中心,在适宜的气候条件下形成酸雨(包括酸雪、酸雾、酸露等所有酸性降雨形式)降落下来。酸雨的酸性很强,pH值小于5.6,所以有很强的腐蚀性,别说石块,就是钢铁也要被它"咬"得千疮百孔。而今,由于工业、交通运输业迅速发展,化石燃料燃烧得越来越多,为酸雨的形成提供了充足的原料,酸雨已成为蔓延于世界的一大环境祸害。在酸雨的腐蚀作用下,再坚硬的顽石也得"低头",乖乖地任其剥落侵蚀了。

可见,水滴石穿这句成语包含了丰富的科学知识,同时也告诉人们,只要有恒心,不断努力,任何事情都能办好,天大的困难都能克服并取得成功。

与你共品
yu ni gong pin

"水滴石穿"似乎是顺理成章的事,但如果向你问一个为什么,你真的能完整地回答这个问题吗?真没想到,就是大家都知道的事物背后竟包含着这么多的科学道理。

这篇事理说明文就身边的事物,给予科学的解说,可谓独具慧眼。

个性独悟
ge xing du wu

★文章从"磨损说"到"酸雨说"四段之间是什么关系?
★文章最后一段在结构上有何作用?

作文链接 zuo wen lian jie

飞机的杀手——尾流 / ··· 何述章

　　2001 年 11 月 12 日北京时间上午 9 时 17 分，从纽约肯尼迪机场起飞的 587 航班 A300 飞机，两分钟后突然坠落，机上 256 名乘客和机组人员全部遇难，地面 5 人死亡。还没有从"9·11"事件噩梦中醒过来的纽约市民，又受到一次惊吓。事后，美国国家运输安全委员会主席布莱基宣布，经初步调查，飞机失事与恐怖袭击无关，是一次飞行事故，事故原因与当天稍早起飞的一架日航波音 747 客机所产生的尾流有关。

　　什么是尾流？它是怎样产生的，又是怎样危害飞机的？我们知道，飞机升力的产生，是由于飞机与空气发生相对运动，当气流环绕机翼向后流动时，上翼面的流速快压力小，而下翼面相反，流速慢压力大，由于压差而产生了升力。在这个过程中，机翼下面的高压气流有从机翼后缘向上翼面低压反流动的趋势，但下翼面气流不可能从机翼后缘直接向上翼面翻卷，它只能沿翼展方向，经过翼尖向上翼流动，当气流经过翼尖时，在那儿形成漩涡，也就是旋转的空气团，由于空气有黏性，内层的空气又带动外层的空气随之旋转，由此依次带动，内层气团的强度高，外层依次减弱。随着飞机向前飞行，漩涡就向后流去，成为两条长的涡流带，从上翼面看两条涡流带从外向里翻卷，从下翼面，则是从里向外翻卷。实际上涡流带用肉眼是看不到的，涡流带亦称尾流，它开始是向下流动的，当飞机的高度上升至 250 米时，变为水平方向的流动，在两条涡流带之间，形成一个有一定厚度的尾流区，后面的飞机应注意避开尾流区，如果不小心进入尾流区，飞机就会出现抖动、下沉、发动机停车以及机头偏离等现象，当情况严重或处置不当时，飞机就会受损坠地。

　　为了避免这种事故发生，各国民航管理部门曾做过规定，一般规定飞机在飞行时，两架飞机之间最小的水平间隔距离为 20 公里，上下间隔距离为 300 米，两架飞机在机场起飞的间隔时间不少于 2 分钟，此次失事的 A300 飞机和前面起飞的日航波音 747 起飞间隔时间仅 1 分 45 秒，两架飞机是从同一条跑道起飞的，致使 A300 进入日航飞机的尾流区而酿成大祸。A300 飞机的机舱录音显示，飞机出现两次较大的震动，机长报告飞机失去控制，随即失去联系。飞机有震动声音说明机体正在受到破坏，首先被破坏的部位据分析判断是垂直尾翼的连接件被折断，以致使飞机失去平衡控制而坠落，也有可能是飞机受到庞大的滚转力矩而急剧滚转坠落，而从两台发动机与机体完全脱离的现象看，发动机与机体的连接件被强大气旋扭转而断裂，也不是没有可能。总之，这一切都是由尾流造成的。

【简评】
jian ping

文章从一次空难入笔，首先给读者造成震慑，使读者产生一种欲知其详的强烈心理。然后指出这次空难的罪魁祸首——尾流，并进而对尾流的产生、危害等一一进行说明，使读者对尾流这一飞机的杀手有了较全面的认识。

生活中的化学现象 /····潘 闽

有人以为化学只不过是在实验室里同瓶瓶罐罐打交道的一门科学。其实不然，我们生活中就有许多化学现象。

就说洗衣服吧。用肥皂洗涤，衣服上的脏东西就跑到洗衣盆里了，这是什么原因呢？原来，洗衣时肥皂中主要成分硬脂酸钠就兵分两路，一部分插入水中，叫亲水基；另一部分叫憎水基，具有油性质，它能吸住脏东西，经过振动、摩擦，把大的东西分散成小珠子状，最后把它们"拖"出来，分散到水中形成乳浊液，这样就达到了洗涤的目的。

再说说住房子吧。如果您在房间墙上刷上石灰水，就会发现湿漉漉的，而且并不白，可是不用着急，这是因为石灰的主要成分氢氧化钙 $[Ca(OH)_2]$ 只微溶于水，刚刷好，往往墙内部还有点儿未干的水，空气中也有水蒸气，$Ca(OH)_2$ 有一部分溶解了自然会湿漉漉的。然而没有几天墙又干了，这自然是水分减少的缘故，但人的功劳也不可磨灭，因为人呼吸时吐出的二氧化碳和水汽在一起变

花落了还会开吗

成了有弱酸性的碳酸。$Ca(OH)_2$ 是碱性,酸碱中和,生成不溶于水的碳酸钙。这一来,墙壁就又干又白又硬实了。

除了洗衣、刷墙外,生活中还有不少您常遇到的化学现象。您不小心将自行车外面的保护层弄破了,露出了里面的铁。这铁是"娇嫩"的东西,遇到空气中的氧气就生锈。即使是钢的也不行,因为钢本身就是含碳的铁。空气中的水和二氧化碳形成酸液,钢里面本来有着许多碳,这样钢的表面就形成了无数个原电池,钢是负极,碳是正极,钢失去了电子,被氧化成离子,慢慢就腐蚀生锈了。还有您如果就餐时将米饭或馒头含在嘴里慢慢咀嚼,不一会儿就有股淡的甜味。这是由于唾沫的一种酶,将饭或馒头中所含的大量的淀粉水解成葡萄糖。

当然,生活中的化学现象远远不止所说的这几种,让我们大家都做个有心人,发现生活中的各种化学现象,并探求蕴含在里面的原理。

【简 评】
jian ping

本文从人们日常生活中最常见的衣、食、住、行说起,语言通俗易懂,几处对"您"的呼唤更使读者产生一种亲切感,愿意听作者娓娓而述的说明。

科学也美丽

科 学 卷

科学的魅力是永恒不变的

她不仅美丽,而且是旷世之美

　　仰首宇宙，我们是否孤独？星空浩淼，他乡今是何年？浪漫的情怀、古老的话题、寂寞的归属，还交织着对未来的朦胧憧憬，最终在最新科技的鼎助下，有了追问的方向。科学不应该被理解为科技的同义，更不宜被包装成空洞的概念而无从捉摸，更无法操作。假设—求证—获得新知，这是科学精神的真意与逻辑。假设的动力，便来自对现状与经验的质疑；而基于质疑旧知产生的新知，必然又会在新的质疑下沦为新的旧知。于是，世界文明一旦借科学之翅跃至现代，便在新知不断创造新知的良性递进中不可遏止，滚滚向前了。

作为生物的社会 / ··· [美] 刘易斯·托马斯　李绍明 译

　　从适当的高度往下看,大西洋城边青天白日下的海滨木板路上,为举行年会从四面八方聚集而来的医学家们,就像是群居性昆虫的大聚会。同样是那种离子式的振动,碰上一些个急匆匆来回乱窜的个体,这才略停一停,碰碰触角,交换一点点信息。每隔一段时间,那群体都要像抛出钓鳟鱼的钓线一样,准确无误地向恰尔德饭店抛出一个长长的单列纵队。假如木板不是牢牢钉住,那么,看到他们一块儿筑起各式各样的巢穴,就不用感到吃惊了。

　　用这种话来描绘人类是可以的。在他们最强制性的社会行为中,人类的确很像远远看去的蚁群。不过,如果把话反过来讲,暗示说昆虫群居的活动跟人类事务总有点联系,那在生物学界将是相当糟糕的态度。关于昆虫行为的书籍作者,通常要在序言里苦口婆心地提醒人们,昆虫像是来自外星的生物,它们的行为绝对是有异于人的,完全是非人性、非世俗,几乎还是非生物的。它们倒更像一些制作精巧、却魔魔道道的小机器。假如我们想从它们的活动中看出什么显示人类特点的东西,那就是在违反科学。

　　不过,让一个旁观者不这样看是很难的。蚂蚁的确太像人了,这真够让人为难。它们培植真菌,喂养蚜虫做家畜,把军队投入战争,动用化学喷剂来惊扰和迷惑敌人,捕捉奴隶。织巢蚁属使用童工,抱着幼体像梭子一样往返蹿动,纺出线来把树叶缝合在一起,供它们的真菌园使用。它们不停地交换信息。它们什么都干,就差看电视了。

　　最让我们不安的是,蚂蚁,还有蜜蜂、白蚁和群居性黄蜂,它们似乎都过着两种生活。它们既是一些个体,做着今天的事而看不出是不是还想着明天,同时又是土家蚁穴、蜂巢这些扭动着、思考着的庞大动物体中细胞样的成分。我认为,正是由于这一层,我们才最巴不得它们是异己的东西。我们不愿看到,可能有一些集体性的社会,能够像一个个生物一样进行活动。即使有这样的东西,它们也绝不可能跟我们相关。

不管怎么说,这些东西还是存在。野地里一只独行的蚂蚁,不能设想它头脑里想着很多。当然,就那么几个神经元,让几根纤维串在一块儿,想来连有什么头脑也谈不上,更不会有什么思想了。它不过是一段长着腿的神经节而已。4只或10只蚂蚁凑到一起,围绕着路上的一只死蛾,看起来就有点儿意思了。它们这儿触触,那儿推推,慢慢地把这块食物向蚁丘移去。但这似乎还是瞎猫撞着死老鼠的事。只有当你观看聚在蚁丘边的、黑压压盖住地皮的数千蚂蚁的密集群体时,你才看见那整个活物。这时,你看到它思考、筹划、谋算。这是智慧,是某种活的计算机,那些爬来爬去的小东西就是它的心智。

建造蚁丘的时候,有时需要一批一定规格的细枝,这时,所有成员立刻着魔般搜寻起正合规格的细枝;后来,外墙的建筑就要完成,要盖顶,细枝的规格要改变,于是,好像从电话里接到了新的命令,所有的工蚁又转而寻找新型号的细枝。如果你破坏了蚁丘某一部分的结构,数百只蚂蚁会过来掀动那一部分,移运它,直到恢复原来的样子。当它们觉察到远方的食物时,于是,长长的队伍像触角一样伸出来,越过平地,翻过高墙,绕过巨石,去把食物搬回来。

白蚁在一个方面更为奇特:群体变大时,其智慧似乎也随之增加。小室里有两三只白蚁,就会衔起一块块土粒木屑搬来搬去,但并没有什么结果,什么也没有建造起来。随着越来越多的白蚁加入,似乎达到了某种临界质量或法定数,于是思维开始了。它们开始把小粒叠放起来,霎时间竖起一根根柱子,造成一个个弯度对称的美丽拱券。一个个穹顶小室组成的晶状建筑出现了。迄今还不知道它们是怎样交流信息的,也无人明白,正在建造一根柱子的白蚁们怎样知道停止工作,全队转移到一根毗邻的柱子,而时候一到,它们又怎样知道把两根柱子合拢,做成天衣无缝的拱券。一开始使它们不再把材料搬来搬去,而是着手集体建筑的刺激物,也许是在它们的数目达到特定阈值时释放的外激素。它们像受了惊一样做出反应,它们开始骚动、激奋,然后就像艺术家一样开始工作。

蜜蜂同时过着几种生活:既是动物,又是动物的组织、细胞或细胞器。离巢外出寻找花蜜的单个蜜蜂(根据一个跳舞的小蜂给它的指令:"去南偏东南700米,有苜蓿——注意根据太阳偏转调整方向")仍然是如同有细丝系住一样属于蜂巢的一部分。工蜂在营建蜂巢的时候,看上去就像胚细胞在构成一片发育中的组织;离远一点看,它们像是一个细胞内的病毒制造出一排排对称多边形晶体。分群的时刻来到，老蜂王打算带着它的一半家口离巢而去，这时的景象就像蜂巢在进行有丝分裂。群蜂一时来回骚动，就像细胞液里游动的颗粒。它们自动分成几乎一点儿不差的两部分，一半跟着要离去的老蜂王，另一半跟着新的蜂王，于是，像一个卵子分裂一样，这个毛茸茸晶黑金黄的庞然大物分裂成两个，每一个都拥有相同的蜜蜂基因组。

多个单独的动物合并成一个生物的现象并不是昆虫所独有。黏菌的细胞在每一个生命周期都在做着这样的事。起初，它们是一个个阿米巴状细胞在到处游动，吞吃着细菌，彼此疏远，互不接触，选举着清一色的保守党。然后，一阵铃声，一些特殊的细胞放出聚集素，其他细胞闻声立即聚集在一起，排成星状，互相接触、融合，构成动作迟缓的小虫子，像鳟鱼一样结实，生出一个富丽堂皇的梗节，顶端带一个子实体，从这个子实体又生出下一代阿米巴状细胞，又要在同一块湿地上游来游去，一个个独往独来，雄心勃勃。

鲱鱼和其他鱼类的群体有时紧紧挤在一起，动作如此协调，以至于整个群体从功能上似乎是一个多头鱼组成的巨大生物。成群的飞鸟，特别是那些在纽芬兰近海岛屿的山坡上做窝的海鸟，同样是互相依存、互相联系、同步活动。

虽然我们无论如何也是所有群居性动物中最具社会性的——比蜜蜂更互相依赖，联系更密切，行为上更不可分，我们却并不经常感到我们的联合智慧。然而，我们也许是被联在一些电路里，以便贮存、处理、取出信息，因为这似乎是所有人类事务中最基本、最普遍的活动。我们的生物功能，或许就是建筑某种丘。我们能够得到整个生物圈中所有的信息，那是以太阳光子流作为基本单位来到我们这儿的。当我们知道这些东西是怎样克服了随机性而重新安排成各种东西，比如，弹器、量子力学、后期四重唱，我们或许对于如何前进会有个更清楚的概念。电路好像还在，即使并不总是通着电。

科学中使用的通信系统应能为研究人类社会信息积累机制提供简洁而易操作的模型。齐曼在近期《自然》杂志上著文指出："发明一种机制，把科学研究工作中获得的片断的知识系统地公布于世，一定算得上现代科学史上的关键性事件"。他接着写道："一份期刊把各种各样……大家普遍感兴趣的知识，从一个研究者传递给另一个研究者……一篇典型的科学论文总是认为自己不过是一条大锯上的又一个锯齿——它本身并不重要，但却是一个更大项目的一个分子。这种技术，这种使得许许多多以微薄的贡献进入人类知识库的技术，乃是17世纪以来西方科学的秘密所在，因为它获得了一种远远超过任何个人所能发出的共同的、集体的力量。"

改换几个术语,降低一下格调,这段话就可以用来描绘营造白蚁窝的工作。

有一件事让人叫绝:探索(explore)一词不能适用于探索活动的搜索一面,但却起源于我们在探索时发出的声音(英文 explore,源于拉丁语 explorare,有"喊出"之意——译者)。我们愿意认为,科学上的探索是一种孤独的、静思的事。是的,在最初几个阶段是这样。但后来,或迟或早,在工作行将完成时,我们总要一边探索,一边互相呼唤,交流信息,发表文章,给编辑写信,提交论文,一有发现就大叫起来。

与你共品
yu ni gong pin

看到文中蚂蚁、白蚁、细菌等的活动,你也许会大吃一惊,它们所表现出的集体活动,你原以为只有人类才做得到的,可这些低等生物看来似乎做得更好。我们人类拥有智慧,掌握着语言、通信,还有更多的现代技术,而这些低等的生物怎么也具有群体的智慧呢?阅读本文后,是不是会引发你探究科学奥秘的兴趣呢?

个性独悟
ge xing du wu

★作者对"作为生物的社会"观察了哪些社会性的生物?

★人类的社会生活与科学探索与白蚁营造窝有哪些相同之处?

★阅读《作为生物的社会》后,我们非常钦佩作者对于蚂蚁和白蚁等昆虫的深入细致的观察。但这种生物群体智慧的形成和增长的原因,生物学家们并没有作出完满的答案,还需要作进一步的研究和探索。21世纪是生物科学的世纪,我们将如何对待,谈一谈自己的打算。

水是怎样爬上树梢的 / ···李青云

土壤里的水分被树的根部吸收,沿着树的管道系统旅行,先经过长长的树干,再到细细的树枝,最后进入树叶的微小的导管里。

为什么大树能够克服地球的引力,每天将数百升的水输送到高高的树梢上去?迄今为止,生物学家还说不清这到底是怎么回事。"树木中水分的输送听起来好像是很自然的事情,然而,对于科学家来说,这简直是件不可思议的事情。"美国克瓦利斯市俄勒冈大学的林木生理学家巴巴拉·邦德说,"目前,谁也不能保证自己能完全弄明白这是怎么回事,反正树木有办法完成水分运输的任务,所有关于树木中水分运输的理论还都是一些猜想。"

比起动物来,植物为了生存所需要的水分更多。它们对水的渴求是光合作用造成的,植物的绿叶利用太阳能,将水分和二氧化碳转变成氧气和碳水化合物。然而,光合作用本身仅仅消耗了植物所获得的水分中的很少的一部分,而90%以上的水分通过叶面上的气孔排放到空气中去了。

要驱使这么多的水分运动无非有两种办法,从上边拉或者从下边推。长期以来,物理学家和生物学家都倾向于拉力原理。早在19世纪后期,生物学家就提出了拉力理论,其依据在于水分子中的氢键。液体水中的水分子靠着氢键相连,紧紧挨在一起。液态的水在通过蒸发或者沸腾的方式变成气态之前,氢键被拉长了。当氢键被完全破坏之后,液态的水就变成了水蒸气,其中的水分子不再受氢键的约束,随意地扩散开去。

按照拉力理论,大树叶片上的气孔对水分的导入并非毫无意义,树木中水分运输的动力就来源于叶片上水分的蒸发。叶片中即将蒸发的水分子在永不停歇地拉着叶片里的其他水分子,把这些水分子间的氢键拉长。因为木质部分的所有的水分子都是由氢键相连接起来的,这种对氢键的拉伸作用从叶片沿着树干一直扩展到树根。

为什么大多数的树都难以长到一百多米高?这是因为根部吸收的水分难以爬到那么高的地方。巴巴拉·邦德认为,由摩擦产生的对水运输的阻力随着木质层导管的增长而增加，因此，水分的运输随着树高的增加而变得更加困难。另外，同一品种的树木中，小树木质层中的导管所承受的压力要比大树略为低一些。但是，压力越低，木质层导管的水柱中越容易形成气泡。这些气泡对树木的水分输送来说是一种灾难，因为这些气泡会使液态水中的部分水分子间的氢键断裂，水分往树梢运输的过程就会减慢。气泡的产生也是树木长高的一种强大阻力。

是不是树木内部的导管越粗，水分传输的速度就越快呢？美国亚利桑那大学的生态学家布莱恩·恩奎斯特利用拉力理论解决了这个问题。他认为，树木根部的木质层导管的直径不可能超过一定的尺寸，这是因为在较大的管道里更容易形成气泡，反倒影响了水分的传输。为了减少导管中气泡的数量，导管从根部到树梢变得越来越细，到了叶片中就变成了毛细管。

目前虽然拉力理论占据了主导地位，但是这个理论目前无法证明叶片中的低压现象。科学家按照普遍接受的生物力学模型来推算，提升水分需要比真空吸尘器吸尘时还要大的吸力。这就要求叶片中的导管中的压强特别低，才能拉动水分的传输。但是，目前没有直接的证据可以证明叶片中低压现象的存在。因此，一些科学家对拉力理论的合理性表示怀疑，并提出了推力理论。澳大利亚国立大学的植物学家马丁·坎尼就是推力理论阵营中的少数几个成员之一，他坚持主张大树根部的压强能够迫使水分从树的根部上升到树梢。当根部的木质层从周围的土壤之中吸收了水分之后，树根的水压增大了，从而推动水分向树梢运输。

虽然研究推力理论的科学家很少，而且研究时间也比拉力理论的研究时间短得多，但是不少科学家认为推力理论也有些道理。对于两种理论的争论，也有科学家出来打圆场，他们说两种理论都有道理，大树很可能同时利用拉和推这两种办法来运输水分。

关于树木水分的运输，目前还有许多问题没有得到解决。例如，为什么有的树能够长得特别高，为什么有的树永远也长不到很高，它们内部的管道系统有什么差异？科学家正在努力解决这些难题，如果树木的水分运输原理能够彻底搞清楚的话，人们对优质树木的培育就会变得更加方便了。

与你共品
yu ni gong pin

这是一篇科技说明文。本文采用多种说明方法向你说明为什么大树能克服地球的引力,每天将数百升的水输送到高高的树梢上去。

个性独悟
ge xing du wu

★"生物学家还说不清这到底是怎么回事"中"这"指代什么?从巴巴拉·邦德的话中,我们了解到了什么?

★关于大多数的树都长不到一百多米高,其原因是什么?

★为什么导管从根部到树梢变得越来越细?

★关于水分运输中没有解决的这些问题,请你选择一个加以解释。你认为彻底弄清水分运输理论,还会有哪些现实意义?

快乐阅读
kuai le yue du

动物冬眠之谜 / ···吕凤珍

动物的冬眠是一种奇妙的现象。人们观察了若干种动物冬眠,发现了许多意想不到的现象。

在加拿大,有些山鼠冬眠长达半年。冬天一来,它们便掘好地道,钻进穴内,将身体蜷缩一团。它们的呼吸,由逐渐缓慢到几乎停止,脉搏也相应变得极为微弱,体温更直线下降,可以达到5℃。这时,即使用脚踢它,也不会有任何反应,简直像死去一样,但事实上它却是活的。

松鼠睡得更死。有人曾把一只冬眠的松鼠从树洞中挖出,它的头好像折断一样,任人怎么摇撼都始终不会张开眼,更不要说走动了。把它摆在桌上,用针也刺不醒。只有用火炉把它烘热,它才悠悠而动;而且还要经过颇长的时间。

刺猬冬眠的时候,简直连呼吸也停止了。原来,它的喉头有一块软骨,可将口腔和咽喉隔开,并掩紧气管的入口。生物学家曾把冬眠中的刺猬提来,放入温水中,浸上半小时,才见它苏醒。

动物的冬眠真是各具特色,蜗牛是用自身的黏液把壳密封起来。绝大多数的昆虫,在冬季到来时不是"成虫"或"幼虫",而是以"蛹"或"卵"的形式进行冬眠。熊在冬眠时呼吸正常,有时还到外面溜达几天再回来。雌熊在冬眠中,让雪覆盖着身体。一旦醒来,它身旁就会躺着一两只天真活泼的小熊,显然这是冬眠时产生的崽。

动物冬眠的时间长短不一。西伯利亚东北部的东方旱獭和我国的刺猬,一次冬眠能睡上 200 多天,而苏联的黑貂每年却只有 20 天的冬眠。

动物的冬眠,完全是一项对付不利环境的保护性行动。引起动物冬眠的主要因素,一是环境温度的降低,二是食物的缺乏。科学家们通过实验证明,动物冬眠会引起甲状腺和肾上腺作用的降低。与此同时,生殖腺却发育正常。冬眠后的动物抗菌抗病能力反而比平时有所增加,显然冬眠对它们是有益的,使它们到翌年春天苏醒以后动作更加灵敏,食欲更加旺盛,而身体内的一切器官更会显出返老还童现象。

由此可见,动物在冬眠时期神经系统的肌肉仍然保持充分的活力,而新陈代谢却降低到最低限度。今天医学界所创造的低温麻醉、催眠疗法,便是因此而得到的启发。

和我们人类一样,动物中的鸟兽都是温血动物,那么冷血动物昆虫又是怎样熬过漫长的冬季呢?许多冬眠的昆虫会不会冻结呢?

昆虫学家进行了长期的观察和研究,终于查明了昆虫越冬的部分奥秘。冬天,为了防止汽车散热器结冰,人们要加入防冻液。昆虫竟然也会采用相似的办法,在严寒的冬季保护自己。

在冬天,昆虫要保持活动,不被冻僵是至关重要的。活的组织一旦被冻结,膨胀的冰晶体势必使细胞膜受到破坏,造成致命的创伤。当细胞里液体不足,不能保持维护生命所必需的酶活性时,即使没有完全被冻结,也会造成死亡。那么,昆虫是怎样解决这一难题的呢?它们主要是靠降低体内液体的冰点,从而提高抗寒能力,办法就是产生大量的"防冻液"。

昆虫是怎样制造防冻液的呢？天暖之后又怎样将防冻液除掉呢？为什么要除掉防冻液？这些问题直到现在仍找不到答案。

值得补充的是，科学家们又发现，蛙类也会自制防冻液。在实验室中，科学家们将许多青蛙冷冻起来，5至7天后，再慢慢地使之解冻，这些青蛙解冻后依然活着。经过认真分析和研究，科学家们发现了一种人们在防冻剂中常用的物质：丙三醇。与昆虫相似的是，到了春天，这些青蛙的体液中再也找不到这一物质了。

至今，人们尚未能完全揭开动物冬眠的奥秘。但是科学家们通过不断探索已经认识到，研究动物的冬眠不仅妙趣横生，而且颇有价值。

与你共品
yu ni gong pin

我们都知道：动物有冬眠的习惯。但不知道动物为什么冬眠，不知道不同种类的动物冬眠的方式和程度有所不同。至今，动物冬眠的奥秘尚未被人类彻底揭开，科学家们仍旧在不断探索研究。

个性独悟
ge xing du wu

★与加拿大山鼠、松鼠相比，刺猬冬眠的情况有何不同？

★蜗牛是昆虫吗？请简单介绍一下蜗牛并说说它冬眠的特点。

★在第五段中介绍动物冬眠时加入一句"绝大多数的昆虫，在冬季到来时不是'成虫'或'幼虫'，而是以'蛹'或'卵'的形式进行冬眠"有何意义？

★你从文中介绍的冬眠现象中，获得了哪些有价值的启示呢？

快乐阅读
kuai le yue du

生物的睡眠 / ··· 林续中

　　动物睡眠是为了休息,但,不全是为了休息。夏天的傍晚,蝙蝠在院子里,在旷野上空,忽东忽西、忽高忽低地飞翔。它们干什么来着? 逮蚊子、逮夜蛾一类昆虫吃嘛。可是,等冬天来临,天气冷了,蚊子、夜蛾死的死,躲的躲,蝙蝠什么吃的也没有了。怎么办呢? 是躺着等死,还是像大雁、燕子那样千里迢迢,飞到温暖的南方去? 不,都不是。蝙蝠是采取"睡眠"的办法来对待绝粮的。

　　冬天来临之前,蝙蝠三五成群地找个偏僻、昏暗可以躲避风寒的山洞、屋檐进行集体睡眠。它们睡觉的方式很特别,既不是躺在床上,也不是蹲在洞里,而是双脚抓住岩石、木棍等东西,成团成簇地倒挂着睡觉。它昏昏沉沉一睡就是四五个月哩。待到来年春暖花开时,蚊子、夜蛾活跃了,蝙蝠才伸伸懒腰,打打呵欠,开始新的一年的生活。

　　蝙蝠睡大觉是在冬天,所以管它叫"冬眠"。

　　善于"金蝉脱壳"的海参,也有睡大觉的本事哩! 不过海参睡眠的季节不是冬天,而是夏天。这就怪了!

　　海参吃海底下的虫子——浮游生物。夏天到了,海面上风和日丽,气候炎热,原来在海底过冬的虫子,都浮到海面上来生活,海底下再也没有海参赖以生活的虫子了。那怎么办呢? 要浮上海面追逐虫子,可海参只会在海底下蠕动,不会游泳,唯一的办法,就是睡大觉。海参要睡多长的时间呢? 一般地说,要睡上四五个月。夏天过去了,冬天来临了,原来是热烘烘的海面,变得寒气逼人,虫子们受不了啦,又回到海底过冬了。哈哈,海参的"粮食"来了,于是它醒过来了。

　　因为海参睡眠的季节是在夏天,所以叫作"夏眠"。

　　蜗牛这动物更有意思,它动不动就关起门来睡大觉。

冬天的时候,它要"冬眠";夏天的时候天不下雨,它要"夏眠";要是碰上干旱的年头,20个月不下雨,蜗牛就睡它20个月。等天气暖了又下着雨,蜗牛才推开大门,慢慢地伸出身子,背着"房子",痛痛快快地逛一逛,饱饱地吃它一顿,这么说来,蜗牛真称得上"瞌睡大王"了。同学们,你且慢夸奖蜗牛,还有比蜗牛更能睡的哩。

100多年前,美国一位名叫富兰克林的科学家,有一次去法国旅行,看见打石工人从一块石岩里打出一窝癞蛤蟆,被"解放"出来时,还会动呢。科学家们根据石灰岩形成的时间计算,断定这四只癞蛤蟆已经睡了100万年以上。

又有一位外国的石油地质学家,在墨西哥的一个石油矿里,发现一只埋在两米多深矿层里冬眠的青蛙。这只青蛙被挖出以后,活了两天才死掉。科学研究证明:这只青蛙沉沉一睡,就是200多万年。

植物是不是也会睡眠呢?会的,不过,我们所指的是植物的种子。

收成不久而且经过晒干扬净的谷子、麦子、玉米、油菜的种子,它们是死的还是活的?它们只要没受伤害,那就是活的,是在睡眠。要是你把它埋在泥土里,又浇上水,给它一定的温度,过了不久,这些种子就会醒过来,蹬蹬腿,伸伸腰,生根发芽,破土而出。

新中国成立后,我国曾经在地下泥煤层挖出一些古代的莲子。经过科学家的精心处理和培养,古莲子竟顶破硬壳,生根发芽,抽茎长叶,生意盎然。据说,这些古莲子已经沉睡了一两千万年之久呢!

与你共品
yu ni gong pin

本文向读者介绍生物的"睡眠",采用了并列式结构。作者用"动物睡眠是为了休息,但,不全是为了休息"一句引出下文,说明动物睡眠为了休息之外,还为了对待绝粮、寒冷、干旱等。这部分列举了蝙蝠、海参、蜗牛、蛙的睡眠,十分详尽。接着用设问句"植物是不是也会睡眠呢?"概括说明植物种子也会睡眠。

花落了还会开吗

个性独悟
ge xing du wu

★文章写了动物和植物的睡眠,指出其中哪是详写,哪是略写?

★文中运用了描写手法,举两例,并说出其作用。

★"但,不全是为了休息"中的"不全是"能否去掉,为什么?

★本文用了哪些说明方法?请从生物睡眠想开去,还有什么生物也具有某种特异的睡眠习惯?

快乐阅读
kuai le yue du

科学是美丽的 / ··· 沈致远

在常人心目中,科学是深奥的、艰难的、枯燥的;提到科学家,眼前就浮现出爱因斯坦的形象——白发怒张、皱纹满面。科学怎么会是美丽的呢?不可思议!

事实是:科学不仅是美丽的,而且是旷世奇美,美不胜收。常人为什么没有感受到呢?责任在科学家,他们浸沉于科学美中其乐融融,忘记了与大众分享。但也有例外,李政道近年来频频撰文著书,极力提倡科学美。他还请了著名画家李可染、吴作人、吴冠中等作画描绘物理学的内禀美。这些作品最近结集成书,名为《科学与艺术》,引起了科学界和艺术界的注目。

乍看图中(图略)那位载歌载舞的女郎,以为是一位当红的歌星,其实她是旧金山大学的天文物理学家琳达·威廉斯(Lynda Williams)。她从小爱好歌舞,进入大学攻读天文物理学,为宇宙的奇瑰美景所倾倒,决定利用业余时间传播科学美。威廉斯对《纽约时报》记者德莱弗斯(C.Dreifus)说:"天文物理是最美丽的。还有什么比宇宙的诞生更美丽?还有什么比黑洞、多重宇宙和交响共鸣着的宇宙流更美丽?"威廉斯说得好!让我们继续下去;还有什么比原子中"云深不知处"的电子云更具朦胧美?还有什么比生命之源叶绿素中的"绿色秘密"更具神秘美？还有什么比生命之梯回旋曲折的 DNA 双螺旋更具活力美？还有什么比"纳米"世界中用原子砌成的纤巧结构更具精致美？……

威廉斯为科学美所启迪，开始写科学诗。《纽约时报》于 2000 年 6 月 4 日刊登了她的一组诗，我将其中两首译成中文发表在《诗刊》2000 年 11 月号，下面是一首《碳是女孩之最爱》：

　　　碳是女孩之最爱
　　　黄金确实很宝贵
　　　但不会燃起你心中之火
　　　也不会使火车长啸飞驰
　　　碳是地球上一切生命之源
　　　它来自太空的陨石
　　　构成一切有机物质
　　　在大气层中循环往复
　　　钻石煤炭石油总有一天用完
　　　能构成一切的将是碳纳米管
　　　碳是女孩之最爱

"钻石是女孩之最爱"是美国流行的谚语，威廉斯扩其意而用之，从碳元素的一种特殊结晶形态——钻石，推广到碳的各种形态。女孩爱钻石，无非是爱钻石首饰之光华夺目价值连城，用以炫耀自己雍容华贵的外表美。威廉斯以诗意的语言，赞美碳的实用价值及其对生命循环的重要性，表现的是内涵美。较之原谚语，这是艺术的升华，意境大为提高。

威廉斯的诗充满着女性所特有的细腻感情，往往在科学美中注入浪漫情怀，例如一首小诗《爱之力》：

　　　物理学家发现宇宙有四种力
　　　强力弱力引力电磁力
　　　但我发现了一种新的力凌驾一切
　　　我谨向你提议
　　　爱的统一理论
　　　爱之力凌驾一切！科学家想到过吗？

不仅物理学是美丽的,数学也是非常美丽的。早在古希腊和古罗马时代,艺术家就发现了人体的曲线美。现代派的雕塑家和画家以他们的作品表现了几何形体的视觉美,在毕加索晚期作品中频频出现的怪异人像——两个鼻子三只眼睛等等,据说其灵感来自数学中超越现实三维空间的抽象高维空间。数学家以迭代方程在复数平面上产生的"分形"图案之奇幻迷离、千变万化,使艺术家也叹为观止。

科学追求真理,揭示宇宙万物的真相及其变化规律。真正的科学家都懂得:真理是简单的,而且越是深层次的适用范围越是普遍的真理就越简单。简单、深刻、普遍三位一体,这就是科学美之源泉。科学家在追求真理的过程中,锲而不舍,孜孜以求。常人往往认为是苦,其实他们虽然辛苦却乐在其中。科学家顿悟和突破后的快感乃先睹为快——享受前人从未见过的瑰丽美景。

科学是美丽的! 你同意吗?

与你共品
yu ni gong pin

　　本文是一篇科学散文,也是一篇对美的赞歌。作者用诗化的语言,典型的例子,揭示了科学美丽的本质,赞美科学。作者还列举李政道请画家作画描绘物理的内禀美,举女科学家作诗表现物理的内涵美,鼓励人们热爱科学,追求真理。

个性独悟
ge xing du wu

★作者是从哪几个方面来阐述科学之美的?
★威廉斯的《碳是女孩之最爱》表现了什么内涵?
★为什么说"数学"也是非常美丽的?
★文章赞美了科学之美,为什么开头都说"科学怎么会是美丽的呢? 不可思议"。

蚊子与诺贝尔奖 / ··· 李达滨

　　有人说,法律面前人人平等有些靠不住,蚊子面前人人平等倒是千真万确的。据说,在世界范围内,从公主贵族到平民百姓,还找不到一个在一生中从未被蚊子咬过的。

　　蚊子叮咬,不仅影响人们的睡眠,给生活带来诸多不便,而且是一场秘而不宣的、极其残忍的生物战争。据粗略统计,自有人类历史以来,小小蚊子曾一次又一次地夺去了数以千万计的鲜活生命,甚至影响一个国家的兴衰、一场战争的胜负、一项工程的进展。这一严酷可怕的事实,人类还长期蒙在鼓里,直到19世纪,才由一位杰出的科学家揭穿了这个秘密。

　　当然,蚊子如此巨大的危害并不是由它那张小嘴直接造成的,而是通过它传播的一种叫疟疾的疾病来实现的,这种疾病传播快,病程又比较隐蔽,常是间歇性地发冷发热,大量破坏红细胞,使身体渐渐衰竭,直至死亡。据历史学家研究,公元5世纪的古罗马帝国曾经非常强大,后因长时间、大面积流行疟疾,使军队不能打仗,百姓不能生产,致使国力日衰,抵挡不住日耳曼民族的进攻,终于亡国。日耳曼军队攻陷罗马城以后,还来不及欢庆胜利,便因无法控制疟疾的流行,最后只好弃城而走。美国南北战争时,北方联军在准备进攻南军重要据点密西西比州的维克斯堡时,因为疟疾大规模流行,致使这次军事行动严重受挫。疟疾还几乎摧毁了巴拿马运河工程。

　　蚊子传播疟疾的危害如此惨烈,必然会引起科学家的关注。在这场人类抗击疟疾的生物战争中,首先应该提到法国军医拉弗朗。1878年,军方派他到法属殖民地阿尔及利亚,负责研究那里的疟疾。拉弗朗到了阿尔及利亚以后,不负众望,深入细致地解剖。观察了许多疟疾病死者的尸体。经过两年多的反复比较、仔细研究,终于在1880年11月5日确定了疟疾是由一种产生在患者红细胞中的名字叫原虫的单细胞生物引起的。接下来的问题是,这种原虫是怎样到红细胞里去的,它又是如何由一个病人传给另一个病人的。

　　这个研究的接力棒,传到了英国医生罗纳德·罗斯手里。

花落了还会开吗

罗斯的父亲是英国驻印度殖民军的一名将军，罗斯在印度出生，回英国读完医学院以后，又于1881年到印度行医。当时不管是印度居民还是英国军队，都被疟疾折磨得苦不堪言，所以罗斯十分注意研究疟疾。由于比时拉弗朗已经公布了自己的发现，罗斯便认为自己的研究目标就应该是蚊子与原虫的关系。他捕捉、解剖、观察了无数的蚊子，做了许多实验，于1897年8月20日在一种"按蚊"的胃里找到了拉弗朗报告的那种疟原虫，1898年，罗斯成功地用"按蚊"胃里的疟原虫引发鸟类的疟疾，并且证实只有雌性"按蚊"才会传播疟疾。本来，他想用同样的方法引发人类疟疾，以便为他的研究画一个圆满的句号，可惜没有成功。1899年罗斯退休以后，他的研究课题的最后一道门槛，是一组意大利医生跨过去的，他们证实蚊子在吸吮疟疾患者的血液时，把疟原虫吸到胃里，在叮咬健康人时，又把疟原虫注入健康人的血液里，使健康人患疟疾。

为了表彰罗斯的杰出贡献，1902年，颁给他诺贝尔生理与医学奖。5年以后，拉弗朗也获得了诺贝尔生理与医学奖。虽然这个奖来得迟了点，但拉弗朗的功绩毕竟没有被埋没。

尽管科学家揭示了疟疾的起因及其与蚊子的关系，但到1930年，疟疾还是再一次使1000万人生病，300万人丧生。后来瑞士化学家米勒博士发明了DDT杀灭蚊子，因而1948年又授予他诺贝尔生理与医学奖。还有一位奥地利精神科医生用疟疾发病时的高烧来治疗第三期梅毒引起的麻痹性痴呆症，也意外地获得了1927年的诺贝尔生理与医学奖。

小小的蚊子，竟先后使4位科学家获得诺贝尔奖。

与你共品
yu ni gong pin

本文用生动活泼、机智幽默的语言，说明人人都被蚊子咬过。"小小的蚊子"使4位科学家获诺贝尔奖，一个"小"，一个"高"，强烈的反差让人思考：科学的首要任务是关心人，科学家的成功也许来自对不起眼的东西的敏感和锲而不舍的追求。

个性独悟
ge xing du wu

★结合文章解释什么是疟疾。简述疟疾的传染过程。

★文章在说明疟疾的危害时引述了几个故事,可以删去吗?

★有很多科学发明、科研成果,都来自于科学家对一些动物的观察和研究,你能举出例子吗?

快乐阅读
kuai le yue du

生物的技术 / ···言 火

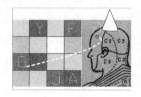

信鸽为什么能够准确无误地回归老家?虽然信鸽为人们服务已历 2000 余年,但人们直到最近才开始揭露出其间存在的秘密。

前不久,有一个外国科学家带着五只鸽子,到离家很远的地方放飞,它们都准确地回了家;第二次,这位科学家又到同一地点去放飞,但是这一回却在每一只鸽子的翅膀下系上一小块磁石,实验结果,其中只有一只飞回了家,其余都没有能够飞回来。这个实验表明,鸽子所以能够从陌生的地方飞回来,是依靠地球磁场的磁力线来定向的,一旦在翅膀上给它系上一块磁石,就扰乱了它对地球磁场的"感觉",而使它迷失了方向。原来鸽子竟是一位掌握地球磁场的飞行家,它掌握了这种"技术",使它在千百年中赢得了"信使"的美名。

其实,在自然界中掌握物理技术的生物却不在少数呢!

我国云南省的大理,有一个蝴蝶泉,相传每年 4 月 25 日,总有数不清的蝴蝶从四面八方前来聚会,构成一幅奇妙绚丽的景色。这么众多的蝴蝶,为什么能从四面八方聚在一起？据科学家最近的研究,蝴蝶之间是通过无线电联系的,天线就是头部的一对触角。蝴蝶放出的电磁波,能传播得很远,它的同类用触角收到这"无线电话"以后,就会确定对方在什么地方,前去聚会。

蝙蝠的体内有超声波发射器发射超声波,用来探索周围空间,确定探索物的方向和距离,辨别出它是什么。它的灵敏度和可靠度超过人类目前能够制造的同类仪器。蝙蝠喜欢捕食夜蛾,但夜蛾却时常能逃避它的天敌的袭击,因为它的身体上"装设"有微弱的超声波接收器,能够接收到蝙蝠发射的超声波。

响尾蛇能感觉到红外线的辐射;某些深海的鱼类有如一架精确的电压、电流计,灵敏度几乎达到几亿分之一安培。

人们越深入研究,就越来越多地发现多种生物所掌握的"技术"的奥秘。"生物技术学"这门新兴的科学也就这样诞生了。

人们已经开始记录鱼类和鸟兽发出的超声波,在捕鱼和狩猎工作中,把超声波放出来,使它们自投罗网。发送与鸟类惊恐时发出的一样的超声波的器具,目前已经出现在飞机场上,用以吓走干扰飞行的鸟群;也可以用来代替"稻草人",守卫果园和庄稼,惊吓害鸟。人们从各种生物的磁学、电学、超声波、无线电通信等等"装置"中将能找出如何进一步提高人类制造的同类装置的灵敏度和可靠度,以及如何减少耗费的能量和减小体积的途径。大自然为我们安排下了多好的场所！

与你共品

yu ni gong pin

　　本文是一篇科技说明文。文章开头从千百年来人们都熟悉的"信使"说起,吸引读者思考信鸽为什么能准确无误地回归老家的原因。文章为了说明"生物技术"这一深奥的科普知识。分类列举了信鸽掌握地球磁场,蝴蝶通过无线电联系,响尾蛇能感觉红外线等生物技术。读者通过这些举例,不难知晓,生物技术是人们研究各种生物所掌握的"技术"奥秘的新兴科学。

★给"生物技术"下一个定义。

★这篇说明文章为什么详写信鸽"技术"？而且放在文章开头？

★本文举了哪些例子，说明生物有哪些技术？

★请阅读有关介绍雷达的文字，用简要的文章说明雷达运用了哪种生物技术？

快乐阅读
kuai le yue du

动物的弄虚作假 ···禹云裘

自然界一些动物为了生存竞争、繁衍子孙,常会弄虚作假,玩弄骗术。其技巧之高超,简直令人难以想象。

装死是动物的一大伎俩。椿象、金龟子只要稍动它一下,立刻会装死从农作物上掉落地面,过会儿又活动开来。鸭子似乎是傻乎乎的,但当其被红狐追捕时,会翻着白眼装死。有人曾作试验,用红狐追捕养鸭场的50只鸭子,竟有29只在狐爪下逃生。深信装死的狐狸,其本身装死的技艺更高。一次,一只狐狸被猎人击中,它迅即原地躺倒,全身瘫软,一动不动。猎人以为狐狸已经死去,就暂放原处,转到他处行猎。待到归来收拾猎物时,狐狸早已溜之大吉,猎人上了狐狸的当。

蟹、虾、蛇、壁虎、水螅等能施用分身术,迷惑对方,保护自己。人们有时会发现有的蟹或虾的螯足一大一小,有的蛇或壁虎的尾巴粗细与身子相差悬殊,这绝不是先天的畸形,也不是什么稀有品种,而是当它们遇到了强敌,使出了断足截尾的绝招,来一个"舍车保帅",新的足还未长成原来大小的缘故。水螅的分身术还高出一等,它被切成数段之后,每一段都可像蚯蚓那样,长出新的完整的个体来。

变色法是动物的又一招式。栖息在北极圈内的白狐、北欧山区的雪兔、日本北部的高山兔和我国新疆阿尔泰山区的雷鸟,能随着季节变化而改变颜色。如雷鸟到白雪皑皑的时候,便银装素裹;当春暖花开时,又着上淡黄色的绚丽"春装";盛夏酷暑,浑身又换成栗褐之色;而当秋风萧瑟的时节来到,又穿上与环境协调一致的暗棕色羽裳。变色龙是著名的变色艺术家,其学名叫避疫,是一种蜥蜴,能在几分钟里改变颜色。而章鱼、比目鱼、鱿鱼等变色比变色龙还快。章鱼平时身体显乳白色,当受惊吓时,能变成暗红色、褐色、蓝灰或紫褐色,忽明忽暗,变幻莫测,使对手眼花缭乱,无从下手。

见过竹节蝗、木叶蝶的人,无不为它们的形态与所附着的茎叶是那么酷似而叫绝,这是一种生就的拟态。生活在澳大利亚的叶海马,其体态能模拟周围物体,全身生起许多叶形突出物和丝状体,好似马尾藻一样,在海水中缓缓飘荡,使对手极难辨别。近年发现,乌贼在遭遇险境或鲨鱼时所喷射出如同烟幕的墨汁,几秒钟内能形成一只乌贼的模样悬浮在那里,如同乌贼的身影,让对手难分真假。待到影子消失,乌贼已潜逃水底。

有的动物甚至会"行诈术"。一位学者曾发现一只苍鹭为觅食一条小鱼,颇费了一番脑筋:它嘴衔一根小羽毛,在小溪岸边踱着方步,两眼扫视着浅浅的溪水。随即突然止步,有意让羽毛掉落水面;水鱼误以为是饵料游近羽毛,苍鹭便以闪电般的动作扑向水面,吞食了美味。乌鸦也惯于行骗,耍出幕幕恶作剧,连那些个体大得多的动物免不了也要上当。

动物在面临它的对手或要达到某一目的时,绝不是简单的屈从或毫不掩饰其真面目。人们在认识和利用动物时,务必要注意到这点。

与你共品
yu ni gong pin

弄虚作假是某些人为了达到某种目的采取的欺骗手段。可是,自然界里,一些动物为了生存下去,也常会弄虚作假。本文作者根据大量材料充分地说明这一点,像狐狸的"装死",雷鸟的"变色",木叶蝶的"拟态",苍鹭的"行诈"……这些介绍新鲜有趣,使读者难以忘怀。

个性独悟
ge xing du wu

★动物的弄虚作假行为就动物本身看是动物为了迷惑敌人，保护自己而产生的行为。全文列举了动物弄虚作假的哪几种形式？

★下边的动物均是从短文中摘录出来的，说说它们的作假行为分别属于哪一种形式？

A.红狐（　　）B.雷鸟、变色龙（　　）C.壁虎、蚰蜒（　　）

D.木叶蝶、海马（　　）E.苍鹭、乌鸦（　　）

★短文文字优美，生动有趣，原因是它在说明的同时还运用了什么表达方式？

快乐阅读
kuai le yue du

美洲"彩蝶王"趣谈 / · · · 安建国

每当风和日丽的时候，人们常常会在万花丛中碰到一种翩翩起舞、色彩绚丽而又纤巧单弱的昆虫——蝴蝶。但是人们却很少能想象得到，在这个"华丽家族"中竟也有不畏长途艰险，敢于飞越高山大洋的佼佼者，美洲"彩蝶王"就是这样一种奇特的大蝴蝶。这种彩蝶形体美丽、仪态万方，号称百蝶之魁，故美洲人都誉它为"彩蝶王"。它们每年根据季节气候的变化，有组织地定期迁徙数千公里，时间长达几个月。美洲人发现每年夏季都有上万只的"彩蝶王"成群结队从美国得克萨斯州飞往东北地区的新英格兰，或从中南部的佛罗里达州飞往中北部的明尼苏达州。后来一些动物学者和昆虫学者又观察到，在冬季将到时，也有成千上万只"彩蝶王"从加拿大和美国中、西部浩浩荡荡飞往墨西哥。

多少年来，"彩蝶王"的迁徙一直是个难解之谜。近年来，许多昆虫学者怀着浓厚的兴趣对此进行了大量的研究。后来发现"彩蝶王"和候鸟一样，每年冬天都飞往南方,而夏天则又飞回北方,每天平均飞行45公里以上。令人兴致盎然的是,在长途迁徙中,雄蝶总是在雌蝶周围组成一道锦障,自己首当其冲地担负起护卫和前导的责任。因此每次艰苦跋涉,总不免有三分之一的雄蝶在途中殒命。"彩蝶王"的队伍通常都是夜晚休息,白日飞行,而且黎明即起,从不偷懒苟且。尽管行进中的队伍在高空强风吹袭下时聚时散,不时有的落伍死去,但终究不改其志,还是保持着强大的阵容,向着既定的方向,从容地飞去,飞去,高山、大河、沙漠都莫之奈何。成千上万只彩蝶在碧空长天上与飞云竞驰,和流露争艳,真是蔚为奇观。

加拿大动物学者弗雷德·A·厄克特进一步揭开了"彩蝶王"迁徙之谜。他制作了一种特殊的油膏,将编好号码的标记贴在上百只"彩蝶王"的薄翼上。许多带着这种标记的"彩蝶王",几个月后在数千公里之外被人们找到了。厄克特还寻踪觅迹,在墨西哥的马德雷山脉高达3000米的陡峭山峰上发现了"彩蝶王"的真正府居。每年总有上百万只"彩蝶王"在这里繁殖生息。每年夏天,"彩蝶王"从马德雷山出发飞往美国和加拿大。

这些彩蝶都薄命得很,生命不过短暂的一年光景,很多在迁徙途中就死掉了。但即使是这若许短的生命,它们还是锲而不舍地追求着光明美好的生活。或许"彩蝶王"真正魅人之处倒并不在其形体纤巧美妙,而在于其纤巧形体中的那颗令人神往的坚强执着的灵魂。这种不畏劳苦牺牲而追求光明的特质,使这种小昆虫的生命对人们有一种新鲜的启示和意义。

与你共品
yu ni gong pin

文章赞颂了纤巧单弱的美洲"彩蝶王"在迁徙过程中,坚强执着,不畏辛苦,不怕牺牲,追求光明的精神。同时作者也阐明了这种小昆虫的生命对人类的启示和意义。

个性独悟
ge xing du wu

★"彩蝶王"的主要生活习性怎样？

★读了这篇文章，你对美洲"彩蝶王"的迁徙之谜一定有所了解，读后受到什么启示？

快乐阅读
kuai le yue du

辣　椒 / ···佚名

　　世界上有些国家吃辣椒很厉害，如墨西哥、印度、匈牙利、朝鲜……中国某些省，如四川、湖南等也以吃辣椒出名。有些人嗜辣椒已经到了"无辣不吃饭"的地步。美国宇航员威廉·勒努瓦在宇宙飞行时也带着辣椒。有一位指挥家，他走到哪里，辣椒就带到哪里，就连参加英国女王宴请时，也照例带着辣椒酱，他解释说："没有辣椒的饭菜好比是病号饭。"

　　辣椒原产美洲。17世纪传入我国，故亦称"番椒"，又名"秦椒""大椒""辣茄"。辣椒有几千个品种，仅我国四川的干辣椒就有100多种。辣椒有辣与不辣之分。甜椒不辣。云南有一种辣椒，其辣无比，只要舌尖稍微碰一下，就会使人辣得难受，疼痛万分。美国制药专家斯克维尔于1912年制定了测量辣度的方法，后来人们就以他的名字作为辣度的单位。植物病理学家曾用这种方法，测出甜椒的辣度为零，最辣的辣椒有300000斯克维尔。

　　辣椒能把人辣出眼泪、辣出鼻涕、辣出汗水。不爱吃辣椒的人不禁要问："人们何苦要吃辣椒？"这是因为吃辣椒有三个好处：一是它的营养丰富；二是能祛风散寒；三是能增进人的食欲。每100克辣椒的维生素含量大于100毫克，在蔬菜中占首位。此外，辣椒还含有维生素B1、B2、胡萝卜素以及其他营养物质。谚语曰："三个辣椒，顶件棉袄。"辣椒中的辣椒素对人体具有刺激作

花落了还会开吗

用。辣椒素一旦和舌头及嘴里的神经末梢接触,神经就迅速把"烧灼"信息传给大脑,大脑便让身体处于戒备状态,使心跳和脉搏加快,皮肤血管扩张,从而使人感到"发热"。大脑还同时指挥胃液和唾液的分泌,使胃肠蠕动加快,这就有利于消化,增进食欲。

辣椒,很多人越吃越想吃。据心理学家分析,吃辣椒后,"烧灼"信息使大脑把身体作为"受伤"对待,从而促进身体释放一种自体止痛剂。这种自体止痛剂就像少量麻醉剂,能起到一种轻微的欣快作用,使人产生精神快感,专家称此为"辣椒微醉"。这也许是人们对辣椒越吃越爱吃的主要原因。

与你共品
yu ni gong pin

这是一篇说明文。作者运用作诠释、打比方等说明方法,介绍了辣椒的品种、营养价值以及吃辣椒的好处。

个性独悟
ge xing du wu

★第一自然段作者列举美国宇航员和一位指挥家的例子,意在说明什么?

★第三自然段引用谚语"三个辣椒,顶件棉袄"是为了说明什么?

★辣椒营养丰富的科学依据是什么?

★第四自然段使用的说明方法有哪些?

骆驼的秘密／···[美]卡罗尔·乔曼

长久以来,骆驼使诗人和科学家都很感兴趣。英国诗人拉迪亚德·吉卜林对它的背峰迷惑不解。另一位英国诗人罗伯特·勃朗宁注意到了它储存珍贵的水的本领。古罗马自然学家普林尼把骆驼的胃比作水箱。但是,与古代传说和至今依然流行的神话相反,"沙漠之舟"在酷热的气候条件下一连几天甚至几星期滴水不进,仍旧能够生存,完全不是人们想象的原因。骆驼的峰只是一团脂肪组织,缺少食料时才加以消耗。它肚子里或其他部位没有储存额外的水。骆驼的秘密仅仅在于保持水分。

20世纪50年代中期,科学家们就知道单峰驼这种动物善于在身体组织里保存水分。保存的办法有好几种。最重要的是,它庞大的躯体隔热良好,需要经过一段长时间才能热起来;在供水不足的情况下,它能忍受体温的显著升高;这两个特点减少了出汗,有助于把失水控制在最低限度。骆驼的肾脏也能保持水分。喝不到水时,身体各部分组织能忍受脱水;饮水解渴时,又经得住水分的突然涌到。

科学家们最近发现骆驼另有一个重要的保持水分系统,它能降低呼气的湿润度,从而节约水分。这个系统的关键部位就是骆驼的得天独厚的鼻子。

一般动物呼气时,身体丧失水分,因为排出的空气温度和体温相同,饱含从肺部吸收的水汽。骆驼却不是一般的动物。4年前,杜克大学的生理学家施米特·尼尔森在肯尼亚发现骆驼呼出的空气温度比体温低。由于冷空气所含水汽比热空气少,骆驼通过呼吸丧失的水分比一般动物少45%。

在最近的研究中,施米特·尼尔森和特拉维夫大学的动物学家希科尔尼克发现骆驼的鼻子进一步提高了保水能力:它吸收了呼出空气中的大部分水分。他们向儿童动物园借了两头母骆驼进行测试。希科尔尼克解释说:"我们需要最温驯的骆驼,骆驼是大家伙,如果它不肯合作,你就拿它毫无办法。"他们把骆驼圈在炎热的死海岸边一个农庄的露天畜栏里。那个地方的海拔是负400米,7月中旬白天的气温在104华氏度以上。

给两头骆驼吃的是干草和少许青椰枣,不给水喝。安在骆驼鼻孔里的微型传感器记录了它们呼吸空气的温度和湿度的变化。骆驼开始失水,体重减轻,它的呼气逐渐变得又凉又干,夜间比体温低 18 摄氏度,湿度只有 70%~75%。希科尔尼克指出:"呼气湿度不饱和的现象以前在任何动物身上都没有发现过。我们应当调查一下,为什么骆驼能做到。"

检查骆驼鼻腔气道之后,找到了答案。从骆驼颅骨鼻区的纵剖面可以看到一系列盘旋的气道。其皱褶有黏膜覆盖,总面积超过 1000 平方厘米(人类鼻腔气道的面积不到 13 平方厘米)。

黏膜外面有一层吸水的物质。肺部呼出的暖湿空气经过气道时,黏膜吸湿吸热。吸进空气经过黏膜润湿,与此同时黏膜湿度下降,变得干燥,在下一个呼吸周期又能使呼出的空气冷却干燥。骆驼的外表壮观、内部奇妙的鼻子使它出色地适应了沙漠生活。

与你共品
yu ni gong pin

素有"沙漠之舟"美誉的骆驼,它能够长时间地跋涉在无水、干燥的沙漠中,本文为我们揭开了其中的奥秘。

本文大部分从第三方面探究了骆驼的鼻子能很好地保持水分的道理。经杜克大学的生理学家施米特·尼尔森和特拉维夫大学的动物学家希科尔尼克的实验,使我们对骆驼的"秘密"有了更深层次的了解。他们的贡献,使我们了解了关于骆驼生存的秘密。

个性独悟
ge xing du wu

★文章一开始就写许多诗人和科学家对骆驼很感兴趣,这在文中起到了怎样的作用?

★"骆驼另有一个重要的保持水分的系统"指的是什么系统？这一系统的关键部位指的是什么？

　　★文中说："骆驼的秘密仅仅在于保持水分。"如果把"仅仅"二字去掉，表达效果会一样吗？为什么？

　　★文中将两头实验的骆驼"圈在炎热的死海岸边……白天的气温在华氏104度以上。"这样做的用意是什么？

快乐阅读
kuai le yue du

鱼类的声音 / ···佚 名

　　生活在陆地上的各种动物,绝大多数都会发出各种各样的叫声。那么,生活在水中的鱼类,会不会发出声音呢？科学研究和生产经验都告诉我们,生活在水中的鱼类,有许多是会发声的。小鲇鱼的叫声像蜜蜂飞过,嗡嗡地响;成群的青鱼像小鸟一样,叽叽地叫;黑背鳃的叫声有如风刮树叶,沙沙作响;沙丁鱼的喧哗好像静夜里浪涛拍岸的声音;气球鱼和刺猬鱼能呼噜呼噜地叫,仿佛熟睡的人在打鼾;驼背鳟的叫声是咚咚响,好像击着小鼓;小竹夹鱼发出的声音,很像用手指很快地刮梳子的声音;海鲫的发声像用钢锉摩擦金属时发出的响声……

　　不但不同的鱼会发出各种不同的声音,就是同一种鱼,在生殖、索饵、移动、逃避敌害,或者成群结队,或者单独行动等不同情况下,发出的声音也不相同。每年春季,在我国沿海作产卵洄游的大黄鱼,它们在洄游过程中,开始接近产卵场产卵时,发出"沙沙"或"吱吱"的音响;到达产卵场开始产卵时,则"呜呜"或"哼哼"地叫,像开水发出的声音;在排卵过程中,发出"咯咯咯"的声响,有如秋夜的青蛙在歌唱。

　　鱼类究竟为什么要发声呢？初步的研究表明,有的鱼发声是为了躲避或恐吓敌害,有的是在繁殖期为了招引异性,有的则是由于外界环境的变化不适合它们的生活条件而造成的。

鱼类怎么能发出声音的呢？原来大多数能发声的鱼，主要是靠体内的发声器官——鳔。鱼鳔是一个充满气体的膜质囊。它靠一些纤细而延伸着的肌肉与脊椎骨相连。这些延伸着的肌肉，具有与琴弦相似的作用，它的收缩引起鳔壁和鳔内的气体振动，从而发出声音。有些鱼类，如竹夹鱼、翻车鱼是利用喉齿摩擦发声的；鼓鱼、刺猬鱼是利用背鳍、胸鳍或臀鳍的刺振动而发声；还有不少鱼是利用呼吸时鳃盖的振动或肛门的排气而发出声音的。这些，在科学上统称为"生理学声音"。此外，许多鱼类由于结成大群游动时也会发出声音来，这被称为"动力学声音"。

我国的劳动人民在很早以前就懂得把鱼类发声的现象应用到生产上，明朝李时珍在《本草纲目》中就写着："石首鱼出水能鸣，每岁四月来自海洋，绵亘数里，其声如雷。海人以竹筒探水底，闻其声乃下网截流取之。"现在，沿海渔民在捕捞黄花鱼的时候，仍常用耳朵靠在船板上倾听鱼的声音，据以判断鱼群的大小、位置和移动方向，从而采取捕捞措施。随着科学技术的发展，现在人们已经能够利用"水中听音器"来收听鱼类的声音，了解鱼群的大小、移动方向、离渔船的远近等。将来，由于对鱼类发声现象的深入研究，完全有可能做到如下两点：一是利用仪器测知鱼的声音，断定它是什么鱼，在什么地方，有多少，准确地组织捕捞；二是利用鱼类发声招引异性的现象，可以人为地把特定的音响送进水中，传播出去，从而把鱼诱集成群，甚至使它们游到渔网中去。

与你共品
yu ni gong pin

　　本文是一篇说明文。文章运用多种说明方法(分类别、下定义、举例子、作比较等)写鱼类的声音。作者先写不同的鱼声音不同，次写同一种鱼，在不同时期发生的声音不同，再写鱼类发出声音的原理，最后写人类对自然现象的认识利用，文章逻辑顺序严密，语言平实。

个性独悟
ge xing du wu

★本文的说明顺序是什么？

★请用三个四字短语说明鱼类发声的原因。

★你能根据最后一段，再给渔民介绍一种将自然知识运用到生产上的方法吗？

快乐阅读
kuai le yue du

甲虫教你来集水 / ···辛秀田

缺水给干旱地区人们的生活造成了极大的困难，特别是生活在沙漠地区的人们更是像盼甘霖一样渴望着水。但是沙漠地区常年极少下雨，于是人们就想尽一切办法，充分利用现有的一点点水，连早上那一点雾水都不放过。在秘鲁和智利的一些偏远山区小镇上，经常用一种很细的网放在两个电极之间"网取"雾水。不过用这种办法收集到的水很少。

为了更多地收集雾水，科学家们开始了新的研究。一些科学家观察了一种生活在南部非洲纳米布沙漠的小小的甲虫后，一下子就产生了灵感，开发出一种独特的集水方法。

你知道吗?纳米布沙漠是地球上最热、最干旱、最不适合生存的地方。灼热的沙子可达到 60℃，终年刮着大风，几乎四季无雨，只是每月会有五六天的浓雾。几乎所有动植物都难以在此生存。可是当地有一种甲虫能用自身凹凸不平的甲壳从雾里获取水分，生活得怡然自得。这种集水能力是甲虫生存的关键，那么它是如何做到的呢？

科学家经过细致地观察发现，它们是利用外壳的特殊构造收集浓雾中的微小水滴的。这种甲虫的甲壳表面有许多微小的突起和凹槽，突起的顶部非常平滑可以吸收水分，而凹槽就像涂了一层蜡一样不能吸收水分。在浓雾中，雾水粘在突起的顶部，形成小的水滴。当小水滴变得足够大和足够重时，它们就会从突起的顶部滚过凹槽进入甲虫的嘴里。由于凹槽里有一种像蜡一样的物质(蜡，同学们一定见过吧？把水倒在蜡上时，水一点都不会被吸收，全能流过去)。从而保证了所有水分一滴不落地掉进甲虫的嘴里。

英国剑桥大学动物学家帕克和英国国防部金尼克公司的劳伦斯受这种甲虫的启发，开发了一套类似这种甲虫甲壳的装置。然后进行喷雾试验。试验证明，这种装置的聚水能力非常好，比古老的"网取"水分的办法要强上好几倍。

目前，帕克教授和金尼克公司把这种装置安装在沙漠地区人们居住的帐篷或干旱地区的屋顶上，可以有效地解决人们的吃水难问题，而大规模应用还可为人们提供耕种用水。

这种小小甲虫给研究者的吸引力还不只在它独特的集水方式上，它所具有的极强的耐热能力也令研究者很感兴趣。我们知道沙漠里灼热的沙子温度很高，没有良好的耐热能力是很难生存的。现在科学家正致力于这项研究。

小小一个甲虫就能给我们如此多的启示，可见只要我们善于观察，就会从大自然中发现无穷的奥妙。

与你共品
yu ni gong pin

科学无处不在，即使在最微不足道的生物身上。本文详细向人们介绍甲虫是如何集水的，启示人类要仔细观察，积极探索大自然的奥秘。

个性独悟
ge xing du wu

★"于是人们就想尽一切办法,充分利用现有的一点点水,连早上那一点雾水都不放过。"这句话说明了什么?

★"几乎所有动植物都难以在此生存。"这句话中的"几乎"有什么作用?

★甲虫是如何集水的?

★在沙漠中有了集水能力就可以生存了吗?还需要别的能力吗?

作文链接
zuo wen lian jie

植物王国里的"寄生虫"/···佚　名

一般来说,植物通过自己的根从土壤中汲取水分和无机盐,并通过叶子制造有机物质来满足自己生长发育的需要。然而,大自然中有些植物却是"好吃懒做"的,它们喜欢吃"现成饭",却也长得生机勃勃,照样繁衍后代。这些植物,就是植物王国里的"寄生虫"。

在我国北方的原野上,随处都可以看到金黄色的寄生植物菟丝子,它的细茎好似撒开的网,罩在草丛、农作物上,吸收汁液,杀死大片植物;南方农田里的独脚金,从甘蔗、玉米和高粱等作物的根部,窃取大量的水分和无机盐,致使作物枯黄、甚至死亡;广泛分布在长江以南的无根藤,缠绕树冠,如同条条毒蛇束缚在树端,严重影响寄主的光合作用,导致幼小寄主的死亡,较大的寄主也因为营养不良而落叶、枯梢;黄河流域的北桑寄生,专找活树作寄主,索吃索喝,慢慢地将寄主置于死地……

寄生植物是个大家庭,在我国有120多种。根据它们索取物质方式的不同可分为两类:一是吃"现成饭"的全寄生类型,它们生存所需的养料,全从寄主体内获得,如寄生在东北桤木上的草苁蓉、梭梭树上的野菰以及无根藤、菟丝子等;二是靠"救济"的半寄生类型,如寄生在槐树、构树上的槲寄生、百蕊草、独脚金和北桑寄生等,这类寄生植物体内含有叶绿素,能进行光合作用制造有机物质,但水分和无机盐的获得还必须依赖于寄主。

长期的寄生生活,形成了寄生植物的奇特结构:它们都有专门的固着、吸收结构——吸器,吸器是类似植物根的组织,能穿过寄主的表皮和皮层而伸达纤维管束,从导管中吸收水分和无机盐,从筛管中窃取光合作用的产物。

寄生植物之所以能生生不息,除了特殊的生理结构外,还在于具有很强的繁殖能力。如一株独脚金年产4万~9万粒种子,而且在土壤中保存20年仍有50%的萌发率;一丝一缕的菟丝子,在没有遇到寄主时,能长期保持生命力,一旦找到了寄主就能很快生长蔓延,形成庞大的群体。更为有趣的是,北桑寄生引诱鸟类传播种子,竟达到了无懈可击的地步!这种寄生小灌木,每到秋末,成熟的橙黄色果实引来大批鸟儿啄食。由于果皮内有一层黏性胶质,果实便粘在了鸟喙上,鸟儿欲吐不能,欲甩不脱,只好飞到周围树林的树枝、枝丫处又擦又蹭,这样,黏性的果皮连同种子便牢牢地粘在树枝的表皮上,于是便找到了萌发的理想温床。

【简 评】 jian ping

文章先对植物的寄生现象进行了简单描述,使读者对植物的寄生有一个感性的认识。然后顺理成章地对寄生植物的类型、生理结构及繁殖等逐一进行介绍,条理清楚,层次分明,同时也符合人们认识事物的习惯。

豺:一生只爱一次/···家 亮

豺、狼、虎、豹都是凶猛的动物,而豺一直被列为四凶之首,足见其不招人待见。豺又叫豺狗,是野犬的一种,常栖息在山地、丘陵地区,既耐寒冷,又耐酷热,一般是 10~20 头成员集体作战,遇上斑马、羚羊、马鹿,它们先是紧紧跟随,乘敌手不备,跃上背去,连抓带咬,连凶猛的野牛也不得不防着这一招。

尽管豺狗劣迹斑斑,臭名远扬,但它却有非常值得称道的一面,说来令人难以置信,豺一生都过着稳定的家庭生活,它们一辈子只恋爱一次,与伴侣终生相爱并厮守一辈子!

在一个豺的大家庭里,一般有一对成年夫妻,它们是这个家庭的中心,其他成员包括小豺以及小豺的叔伯阿姨。

成豺夫妻负责着一大家子的起居以及围猎,在抚育幼豺方面,雄豺和雌豺责任均等任务相似,而且不分彼此。它们是一对十分默契和友善的恩爱夫妻,如果雄豺出去觅食,雌豺就留下来照顾着小豺,反之亦然。夫妻一方如果出门捕食太累,另一只豺会主动换班出门捕食,不论是谁,都对幼子爱护备至,夫妻与孩子待在一起时都尽情地享受着其乐融融的天伦之乐。

在世界上的哺乳动物中,只有3%的动物具有这种美德。

【简　评】
jian　ping

人们历来将豺与虎、豹等猛兽并列在一起,足见其凶恶。但本文作者却对豺鲜为人知的一个特点——一生只爱一次进行了介绍,让读者大开眼界。

怎样提高记忆力 /····张纬令

学习需要记忆。怎样提高记忆力呢?我感到可以从下列几方面努力。

第一,准确选择记忆对象。在"知识爆炸"的今天,记忆要有选择。要选择那些基本的、有代表性的、关键的东西来记。什么都想记,就可能什么也记不住,徒费宝贵的时间与精力。

第二,在理解的基础上记忆。我在记忆科学的定义、定理和法则时,很注意理解。如"胡克定理"与简谐振动的动力学定义,很容易混淆。可是,当我深入地理解了它们,就发现它们有性质上的差别:"胡克定律"叙述的是弹力与弹簧伸长(或缩短)的长度之间的关系,而简谐振动的动力学定义叙述的是回复力与位移之间的关系。

第三,记忆时要集中注意力。我觉得一天的早上和晚上,人的精力比较充沛,注意力容易集中;在安静的地方看书学习也容易集中注意力;朗读也是集中注意力的有效方法。此外,复习还要注意文理交叉,这样对注意力的集中大有帮助。

第四,记记停停,停停记记。为了应付考查,用强记的办法,过后容易忘记。记忆需要一定的巩固时间,所以要加强反复的记忆。刚刚记住的东西,复习必须及时,以后间隔的时间可以稍久些。如对于记忆科学的定义、定理等,我就采用"记忆→做习题→再记忆→再做习题→再记忆……"的方法,收到了很好的效果。

第五,不同内容,用不同记法。我在识记时,有时采取从部分到整体的方法,有时也采取整体记的方法。总之,要看具体情况而定。对一些难度大、篇幅长的材料,宜采用从部分到整体的方法;反之,就宜整体记。对系统性和逻辑性强的内容,也宜用整体记的方法。

记忆的方法多种多样,各有长处和短处。我们要注意多种方法穿插使用,才能取得较好的结果。

【简 评】

这篇说明事理的文章与一般说明文的顺序不同,它采用时间顺序和逻辑顺序交错而又以逻辑顺序为主的方法,把五种记忆方法先后交错地介绍清楚,既符合人们头脑的思维程序,又生动有趣,讲清了记忆的科学道理。